Recomendaciones acerca de *Mujer sin límite* de María Marín

"¡María Marín es lo que yo llamo una 'mujeraza'! Después de superar obstáculos que hubieran podido paralizar su vida, ella supo cómo descubrir y sacarle provecho a lo mejor que llevaba dentro de sí para lograr una existencia plena. Este libro les enseñará a todas aquellas que creen estar al final del camino, que tienen ante ellas un horizonte nuevo… *Mujer sin límite* es la lectura ideal para quien desea cambiar su vida y aprovecharla al máximo."

Julie Stav, experta financiera y autora de *Invierte en tu futuro*

"La fortaleza y simpatía que María Marín nos comunica en el escenario, ahora la podemos encontrar en las páginas de este libro ameno, fácil de leer y lleno de sabiduría."

Gaby Vargas, autora de *Comunícate, Cautiva y Convence*

"Con un dese   *Mujer sin lí-*
mite María M   a lo largo de
una vasta car   ibro es ideal
para tres tipo   el potencial
que existe de   pero que no
saben cómo   que aman a
las mujeres y quieren apoyarias.

Alicia Morandi, editora del diario *La Opinión* de Los Ángeles

"Su libro ayudará a las mujeres a lograr sus metas, a perder sus miedos. Usted es lo que piensa, si usted lo puede imaginar, lo puede lograr. Funciona, se lo garantizo."

Dra. Nancy Álvarez, sexóloga y autora

"María Marín […] nos regala […] un escrito que sale de su corazón y que servirá a muchas mujeres, y los hombres que nos atrevamos a leerla, de guía para ser quienes merecemos ser, seres excelentes, prósperos, felices y exitosos a imagen y semejanza de Dios."

Silverio Pérez, autor de *Domesticando tu dinosaurio*

"María Marín ha logrado en estas páginas una conexión emocional con mujeres de todas las edades. Por medio de sus vivencias hará que muchas de ellas encuentren inspiración y esperanza."

Dra. Isabel, autora de *Los 7 pasos para el éxito en la vida*

"Independientemente de lo que refleja por fuera, toda mujer esconde temores que representan barreras para sus objetivos tanto laborales, como sociales, económicos y afectivos.

Mujer sin límite es una conversación de mujer a mujer sobre esos miedos y la forma de superarlos. Es un libro revelador porque permite descubrir muchos valores que permanecen ocultos en nuestras mentes y que, por nuestros temores, podríamos no llegar a develar nunca. Pero sobre todo, es una guía para tomar acción y lograr el éxito profesional y personal que siempre deseamos, conscientes de que somos tan capaces de lograrlo como cualquier otro ser humano.

El lenguaje ameno de la autora y el relato de su propia experiencia, inspiran a dar un primer paso y dejar atrás una vida de excusas para lograr nuestros más grandes sueños."

Nora Patricia Mora, periodista, *Prensa Hispana*, Phoenix, AZ

"Después de revisar el libro de María Marín, le puedo decir que me encantó. Considero que es un libro muy bueno, además de fácil de leer —la lectura fluye— y no es para nada aburrido. El hecho de que María cuente su vida a través del libro ayuda al lector a sentirse identificado y, sobre todo, a creer las recomendaciones que ofrece, pues ella las vivió. Su vida sirve de puente en este libro y me parece genial.

Además, los ejercicios que aparecen al final de los capítulos son de provecho para el lector, pues le dan la oportunidad de descubrirse.

En general, me parece que el libro está muy bien trabajado y cumple con el objetivo de educar y sembrar esa semilla en la mente del lector que le hará trabajar para cambiar positivamente su vida."

Odette M. Aguilar Díaz, editora de "Por Dentro", *El nuevo día*

Mujer Sin Límite

Aguilar es un sello editorial del Grupo Santillana
www.alfaguara.com

Argentina
Av. Leandro N. Alem 720.
C1001AAP, Buenos Aires.
Tel. (54 114) 119 50 00
Fax (54 114) 912 74 40

Bolivia
Av. Arce 2333.
La Paz.
Tel. (591 2) 44 11 22
Fax (591 2) 44 22 08

Colombia
Calle 80, 10-23.
Bogotá.
Tel. (57 1) 635 12 00
Fax (57 1) 236 93 82

Costa Rica
La Uruca,
Edificio de Aviación Civil,
200 m al Oeste
San José de Costa Rica.
Tel. (506) 220 42 42 y 220 47 70
Fax (506) 220 13 20

Chile
Dr. Aníbal Ariztía 1444.
Providencia.
Santiago de Chile.
Telf (56 2) 384 30 00
Fax (56 2) 384 30 60

Ecuador
Av. Eloy Alfaro N33-347
y Av. 6 de Diciembre.
Quito.
Tel. (593 2) 244 66 56
y 244 21 54
Fax (593 2) 244 87 91

El Salvador
Siemens 51.
Zona Industrial Santa Elena.
Antiguo Cuscatlan - La
Libertad.
Tel. (503) 2 505 89 y 2 289 89
20
Fax (503) 2 278 60 66

España
Torrelaguna 60.
28043 Madrid.
Tel. (34 91) 744 90 60
Fax (34 91) 744 92 24

Estados Unidos
2105 NW 86th Avenue.
Doral, FL 33122.
Tel. (1 305) 591 95 22 y 591 22
32
Fax (1 305) 591 91 45

Guatemala
7ª avenida 11-11.
Zona nº 9.
Guatemala CA.
Tel. (502) 24 29 43 00
Fax (502) 24 29 43 43

Honduras
Boulevard Juan Pablo,
casa 1626.
Colonia Tepeyac.
Tegucigalpa.
Tel. (504) 239 98 84

México
Av. Universidad, 767.
Colonia del Valle.
03100, México D.F.
Tel. (52 5) 554 20 75 30
Fax (52 5) 556 01 10 67

Panamá
Av. Juan Pablo II, 15.
Apartado Postal 863199, zona 7.
Urbanización Industrial
La Locería.
Ciudad de Panamá
Tel. (507) 260 09 45

Paraguay
Av. Venezuela 276.
Entre Mariscal López y
España.
Asunción.
Tel. y fax (595 21) 213 294 y
214 983

Perú
Av. San Felipe 731.
Jesús María.
Lima.
Tel. (51 1) 218 10 14
Fax. (51 1) 463 39 86

Puerto Rico
Av. Rooselvelt 1506.
Guaynabo 00968.
Puerto Rico.
Tel. (1 787) 781 98 00
Fax (1 787) 782 61 49

República Dominicana
Juan Sánchez Ramírez 9.
Gazcue.
Santo Domingo RD.
Tel. (1809) 682 13 82 y 221 08
70
Fax (1809) 689 10 22

Uruguay
Constitución 1889.
11800.
Montevideo.
Tel. (598 2) 402 73 42 y 402 72
71
Fax (598 2) 401 51 86

Venezuela
Av. Rómulo Gallegos.
Edificio Zulia, 1º.
Sector Monte Cristo.
Boleita Norte.
Caracas.
Tel. (58 212) 235 30 33
Fax (58 212) 239 10 51

Mujer Sin Límite

María Marín

AGUILAR

© 2008, María Marín
Mujer sin límite

© De esta edición:
2007, Santillana USA Publishing Company, Inc.
2105 NW 86th Avenue
Doral, FL 33122
(305) 591-9522
www.alfaguara.net

Fotografía de portada: Fernando Mendez
Diseño de cubierta: Jim Gonzalez - Absolute Graphix
Diseño de interiores: Ana María Rojas
en La Buena Estrella Ediciones

Primera edición: enero de 2008.

ISBN-10: 1-59820-978-7
ISBN-13: 978-1-59820-978-5

Printed in the United States by HCI Printing
Impreso en los Estados Unidos por HCI Printing

Índice

Introducción

No es casualidad que estés leyendo estas líneas. Este libro llegó a tus manos porque seguramente has deseado hacer cambios. La información que vas a descubrir, transformará tu vida y marcará una gran diferencia. Este texto está planeado para fortalecerte en ese aspecto de tu vida donde no estás satisfecha, bien sea en el amor, relaciones personales, finanzas, salud o profesión.

En las siguientes páginas encontrarás historias reales, ejercicios prácticos y herramientas poderosas que te van a inspirar a confiar más en ti para ser una mujer más segura. Si aplicas las enseñanzas que voy a compartir contigo, tendrás el poder para alcanzar todo lo que sueñes y desees.

Por muchos años enseñé el arte de negociar a grandes empresas por todo el mundo. Mi vasto conocimiento me convirtió en experta de este campo, lo que me valió para ser la primera mujer latina que ha enseñado estrategias de negociación mundialmente.

Al presentar cientos de cursos a ejecutivos y empresarios, descubrí que la diferencia más grande entre un buen negociador y uno que no lo es, la marca el grado de seguridad que tenga un individuo en sí mismo. Esto me inspiró a investigar más acerca del tema y pude ver claramente que para triunfar en los negocios y en el amor, es vital que una persona confíe en sí misma. Este descubrimiento le dio un nuevo giro a mi vida y me di cuenta que mi misión es motivar a la mujer a confiar en ella misma para que pueda alcanzar el éxito en su vida profesional y personal.

Desde entonces he dedicado mi trabajo y conferencias a la superación personal de la mujer. De ahí surgió el audiolibro *Secretos de la mujer segura*. La aceptación y acogida que tuvo esa producción me abrió las puertas en los medios de comunicación dando origen a mi programa de radio "Tu Vida es mi Vida", y a mi columna "Mujer sin Límite", publicada semanalmente en decenas de periódicos en el mundo. Esta cadena de sucesos provocó mi deseo de escribir *Mujer sin límite* que llega hoy a tus manos.

En el primer capítulo relato la historia de mi vida. Te dejaré saber todos los obstáculos que tuve que superar en mi niñez. Comparto contigo cómo enfrenté la muerte de mi madre a los nueve años y la enfermedad que me atacó en la adolescencia. Estos y otros percances me trajeron lecciones de vida invaluables.

El capítulo 2 expone las siete excusas más comunes que utilizamos las mujeres cuando tenemos miedo a enfrentar un cambio importante en nuestra vida. Aquí aprenderás a dominar los temores que te paralizan y encontrarás el valor para dejar a un lado los pretextos.

En el capítulo 3 te motivo a que hagas un compromiso de mejorar esa situación en tu vida que te tiene descontenta. Además, te enseño técnicas muy prácticas que te ayudarán a proyectarte como una mujer segura de ti misma.

El cuarto capítulo es divertido y revelador. Conocerás los cuatro grupos en que clasifiqué a las mujeres. Decidí ponerles unos nombres cómicos a cada una para que puedas recordarlas. Estoy segura que te identificarás con una o varias de ellas, y también te acordarás de tus amigas, tu mamá o ¡la prima que no soportas!

Mi propósito con el capítulo 5 es que encuentres la respuesta a la pregunta más importante que te harás en la vida: ¿Cuál es el propósito de vivir? Son pocos los afortunados que lo saben, pero muchos los que disfrutarán al descubrirlo. Después de leer esta sección, te aseguro que vas a tener una clara visión de cuál es tu talento y qué se supone que viniste a hacer a este mundo.

El sexto y último capítulo explora la Ley de la Atracción. Disfruté inmensamente escribirlo. Mientras investigaba sobre este tema se me erizó la piel muchas veces y no me cabe duda que a ti te sucederá lo mismo. Si aprendes a usar la Ley de la Atracción en tu favor, empezará a llegarte todo aquello que desees, como amor, dinero, salud, fama... ¡Lo que sea! La información que aquí descubrirás cambiará tu vida para siempre.

Guarda este libro en tu mesita de noche, ya que será una guía a la que acudirás diariamente. No tienes que leerlo en un orden específico. Cada capítulo es un poderoso "librito" por sí solo. No importa cuanto tiempo te tome llegar hasta la última página, lo importante es que apliques cada enseñanza que vas descubriendo.

Te exhorto a que me envíes un correo electrónico en el instante en que mi mensaje toque tu corazón. Déjame saber como este texto te ayudó y te inspiró a mejorar tu vida. Puedes hacerlo visitando mi página en el Internet: www.MariaMarin.com

A mi público lector y oyente les doy las gracias porque ustedes fueron la inspiración para escribir este libro. Agradezco inmensamente a mi equipo de trabajo por su esfuerzo, dedicación y compromiso de crear un mundo mejor. Bill Marín, Liza Rivera, Alina Torres, Myrna Lartigue, Sofia Puerta y Roberto Valadez, sin ustedes no hubiera sido posible completar esta obra, ¡gracias! Este libro no llegó a tus manos por casualidad, es porque al igual que yo, *¡eres una mujer sin límite!*

I

Obstáculos…
¡Fueron mis lecciones
ocultas!

Era mi séptimo cumpleaños cuando llegó el momento culminante de la noche: soplé las velas de mi pastel, vinieron los aplausos y el instante que yo realmente anhelaba, es decir, escuchar a todos aclamar al unísono: "¡Que baile, que baile, que baile!" De inmediato mi madre, ni tarda ni perezosa, movió la mesa del centro de la sala para prepararme "la pista", pues siempre quería asegurarse que los espectadores pudieran apreciar mi "show". Mientras tanto corrí a la mesa del pastel para tomar, de entre los cubiertos de plástico, un pequeño cuchillo blanco al cual lógicamente transformé en el micrófono, mismo que le pase a mi mamá para que me presentara mientras mi papá ponía mi disco favorito.

Todos los invitados, rodeando el improvisado escenario, aplaudían ya al ritmo de la música:

—Damas y caballeros, directamente desde El Copacabana y por demanda popular, la incomparable, la única, la que tanto esperaban.... ¡La gran Mari! —dijo mi madre con mucho orgullo y fuerza en su voz. Con una actitud muy segura comencé a cantar apasionadamente moviendo la cabeza de un lado al otro, acentuado mis movimientos de acuerdo con la melodía. ¡Gracias a Dios aquel cuchillo era de plástico, si no, hubiera quedado desfigurada!

Durante el meneo buscaba la vista de mi mamá y cuando coincidieron nuestras miradas, observé que sus ojos brillaban intensamente asintiendo a mi actuación con una gran sonrisa. Su aprobación acentuó mi seguridad; entonces exageré mis gestos, realicé pasos sorprendentes y cerré la canción cantando en un tono altísimo, ¡lo que más bien resultó un desafinado aullido! Eso no fue motivo para evitar la ovación de aquel público "conocedor" (bueno la verdad es que mis parientes me querían mucho), y respaldada con aquellos aplausos, mi madre me abrazó emocionada, dejándome saber lo orgullosa que se sentía. En ese momento me convertí en la niña más dichosa de este mundo.

Mi tía, quien no me veía hacía tres años, se acercó con una pícara sonrisa:

—Nydia, no sabía que mi sobrina fuera tan extrovertida —exclamó.

—Deberías haberla visto llevando las flores en la boda de Violita —dijo mi madre queriendo impresionar—. Creyó que era concurso de belleza, mientras desfilaba, saludaba y lanzaba besos como si acabara de ser coronada y en la recepción, le tomaron más fotos a mi hija que a la novia —relató con orgullo disfruntando el momento.

Tres meses después de mi cumpleaños, mi mamá tomaba un baño y mientras se enjabonaba, sintió una bolita del tamaño de una pequeña lima que sobresalía de su seno izquierdo. No podía explicarse cómo no había advertido algo tan notable. Incluso llegó a cuestionarse si este nódulo habría surgido de un día para otro. Esa misma semana se hizo un examen y le diagnosticaron un tumor maligno. Desde aquel momento comenzó su batalla para vencer la enfermedad. Meses más tarde su condición empeoró y tuvo que ingresar al hospital. Por esta razón tuve que ir a vivir con mi abuela, pero nadie me advirtió la seriedad de su situación.

—Abuelita, ¿cuándo me vas a llevar a ver a mi mamá? —preguntaba diariamente cuando llegaba de la escuela, pero siempre había algún pretexto.

—Tu mamá está recibiendo un tratamiento y no se admiten visitas —contestaba.

La realidad era que las radiaciones y quimioterapia la habían deteriorado tanto que no quería que sus hijos la vieran en ese estado.

Para mi sorpresa, un día mi abuela llegó con buenas noticias:

—Tu mamá se siente mejor hoy, una mujer tan luchadora como ella no se rinde fácilmente, la fuerza y positivismo que la caracterizan no la dejarán darse por vencida... ¡hoy vamos a visitarla!

Estaba deseosa de llegar al hospital. Cuando entré en la habitación extendió sus brazos y corrí a abrazarla fuertemente:

—Mamita, te he extrañado mucho —le dije sin soltarla.

Cuando nos separamos, me di cuenta que sus ojos estaban llorosos y trató de disimular su dolor con una sonrisa.

—¿Te estás portando bien?, ¿cómo vas en la escuela? —preguntó ella, pero antes que pudiera responder, abrió sus ojos sorprendida, como si acabara de recordar algo:

—¡Oh!... un pajarito me dijo que andas haciendo imitaciones, ¿es cierto?

Sin titubear me coloqué frente a su cama, inflé los cachetes y empecé a imitar a "Kiko", el personaje del popular programa de televisión "El chavo del ocho".

—Chavo... ¡te voy a acusar con mi mamá! —dije, usando las mismas muecas y ademanes de "Kiko".

Todos en la habitación se carcajearon y aplaudieron, incluida la enfermera; entonces bajé la cabeza y estiré el brazo en señal de agradecimiento a mi público. No había nada que disfrutara más que entretener a otros.

Mi madre, sonriente, me pidió que me acercara a la cama y me senté a su lado:

—Mijita, donde quiera que llegas, iluminas el lugar con tu presencia —expresó con mucha dulzura tomándome de la mano.

—Siempre dices lo mismo —dije, disfrutando oír su comentario.

—Siempre digo la verdad —repuso ella con seguridad y continuó—, ¿sabes que eres una niña muy especial?, cualquiera que sea tu sueño en esta vida, no importa cuán grande, loco, o difícil parezca, no puedes rendirte hasta alcanzarlo, las niñas especiales como tú siempre logran lo que quieren. Si deseas ser cantante, locutora, maestra, escritora, ¡hasta pelotera! lo que sea mijita, tú puedes lograrlo. ¿Me prometes que siempre vas a creer en ti?

—Te lo prometo —le aseguré complacientemente, pero realmente no tenía idea de lo que había prometido, lo que sí sabía claramente es que yo era una niña muy especial para mi madre y ella lo era para mí.

> Cualquiera que sea tu sueño en esta vida, no importa cuán grande, loco, o difícil parezca, no puedes rendirte hasta alcanzarlo.

Tres semanas después de mi visita a la clínica, mi padre llegó a la casa de mi abuela Mercedes, usando unas gafas oscuras que nunca le había visto. Papá me dijo que iríamos a visitar a mis hermanos, quienes permanecían con mi abuela paterna.

—Hay algo que quiero hablar contigo y con tus hermanos —dijo muy seriamente.

Cuando llegamos, no había nadie, pero él poseía llaves de la casa y pudimos entrar. En cuanto abrimos la puerta, comenzó a timbrar el teléfono, mi papá corrió a contestarlo. No sé quien estaba al otro lado del receptor pero en una forma obvia, papá bajo su volumen de voz. Aun así pude escucharlo:

—Nydia está muy malita... muy, muy malita... no creo que pueda pasar la noche... luego te llamo. Colgó el teléfono, se quitó los lentes oscuros y me miró. Fue entonces cuando observé su mirada más triste, una que jamás había presenciado en mi vida.

¿Qué le sucedía a mi héroe? Mi padre era un hombre que podía resolver cualquier problema, ¡no importaba cual! Todo el mundo lo admiraba por su sabiduría, inteligencia, integridad y enorme corazón. Siempre buscaba el lado bueno de las personas y de las situaciones; pero esta vez, consumido y triste, me dijo:

—¡Mamita.... se está muriendo!

Sus ojos se inundaron de lágrimas. Era la primera vez que veía a mi padre llorar.

—¿Qué le pasa a mamita? —pregunté gritando, incrédula y asustada.

Papá trató de guardar la compostura.

—Mamita está enferma de cáncer desde hace tiempo, los médicos han hecho todo lo posible, pero no la pueden curar —dijo abatido y con la voz entrecortada.

—Papito, pero seguramente tú puedes hacer algo para salvarla... ¡por favor, no permitas que mamita se muera! —le rogué desesperadamente.

Esa noche me fui a la cama implorándole a Dios que la sanara. Tuve varias pesadillas y apenas pude dormir. Al abrir los ojos por la mañana, lo primero que pensé fue:

"¿Alcanzaría a sanarse durante la noche?, ¿habría mejorado su condición?"

Al levantarme escuché voces afuera de la habitación. Salí aprisa de mi cuarto, deseosa de oír buenas noticias, pero según me acercaba a la sala familiar se intensificaban los sollozos.

Allí se encontraban mis tíos, abuelos, primos y varios amigos de la familia. Cuando llegué, todos quedaron en silencio, pero la mirada de cada uno de ellos expresaba a gritos el dolor y la tristeza que se compartía en esa habitación.

Mi padre se acercó, me tomó de la mano y caminamos hasta el sofá. Me senté en sus piernas sospechando oír lo peor:

—Dios se ha llevado a mamita para que no tenga que sufrir más... ahora ella estará descansando en un sueño profundo —dijo tristemente y me dio un fuerte abrazo.

Comencé a llorar sin consuelo por un largo rato. Una gran pena me arrolló, pero desistí creer que era cierto. No podía concebir que mi madre se quedara durmiendo para siempre y mucho menos que fuera a abandonarme.

Al día siguiente, en ruta hacia la funeraria, tenía la esperanza de que mi madre, al sentir mi presencia, se levantaría. (Quizás estaba profundamente dormida y no muerta como todos creían).

Una vez que arribamos, corrí hacia el ataúd azul oscuro donde se encontraba. Encima había un enorme arreglo de rosas rojas con una cinta blanca y letras doradas donde se leía: "De tus hijos y esposo que nunca te olvidarán". Me situé frente a ella, su cara reflejaba paz y una sutil sonrisa, y tal como me había dicho mi padre, se encontraba en un sueño muy profundo. Sus manos se hallaban en posición de oración y cuando la acaricié, me di cuenta que su cuerpo no tenía vida, pero eso no me robó la esperanza de que podía revivir. Así que permanecí por horas a su lado sin moverme. Cuidadosamente observaba con atención su pecho, esperando ver algún movimiento que indicara su respiración. Hubo momentos en que creí ver sus párpados en movimiento y pensé que iba a despertar.

Luego que el sacerdote finalizó el servicio, anunció que ese era el momento para despedirse de ella y darle un último adiós. Mi abuelita y mis hermanos lloraban sin descanso. Desesperadamente cerré los ojos, me hinqué y comencé a rogarle a Dios que la despertara:

"Dios mío, por favor... ¡por favor!, despiértala, te prometo que voy a portarme bien y de ahora en adelante seré una niña buena. ¡Haz algo Dios mío, despiértala antes de que cierren este ataúd!... Mamita por favor levántate... este es el momento para demostrarle a todos que aún estás viva".

Aunque supliqué con desesperación, mis ruegos no fueron escuchados, pues cerraron el ataúd y me di cuenta que la había perdido para siempre. Comencé a llorar desconsoladamente y me invadió una tristeza inexplicable. El dolor en el pecho me consumía, era un sufrimiento que nunca antes había experimentado. Corrí desesperadamente a estrechar a mi abuelita para que me confortara, pero mientras más fuerte la abrazaba, más se intensificaba mi angustia. "¿Por qué me abandonó? ¿Cómo sería posible vivir sin mi mamita?"

Un año después del fallecimiento de mi madre, estando en el salón de clases recuerdo que mi profesora, la señora Torres, dijo que como el día de las madres se acercaba, haríamos una carta para ellas, luego la pondríamos en un sobre, colocaríamos una estampilla y caminaríamos hasta el buzón más cercano para enviarla. Todos mis compañeros comenzaron a redactar la carta con mucho entusiasmo. Me sentí desconcertada. "¿Yo qué hago?" (Al parecer todo el mundo había olvidado que mi madre murió y yo no tenía adónde enviar esta carta, mucho menos a quien escribírsela).

Me levanté del pupitre con disimulo y me acerqué a la maestra:

—¿Señora Torres, yo qué hago...? —pregunté en voz baja, tratando de no llamar la atención.

—¡Escríbele la carta a tu abuelita! —contestó sonriendo con una mirada insegura.

Regresé a mi asiento, incliné la cabeza y rompí en llanto desconsoladamente. En ese momento regresaron todos los recuerdos y sentimientos tristes que había tratado de olvidar y enterrar en los últimos meses. No me importó que todo el mundo supiera mi dolor y desesperación. Quizás alguien se conmovería de mí y vendría a darme el amor que tanto necesitaba desde que mi madre partió.

Hubo muchos episodios como éste durante mi niñez, en los que me arrollaba la tristeza y la desolación: "¿Por qué Dios se había llevado a mi mamá?, ¿pensaría él en llevarse a mi papá y a mis hermanos también?, ¿me iré a quedar sola y desamparada?"

¡Y para colmo, más retos!

Ya viviendo permanentemente con mi abuela Mercedes, recuerdo que ella siempre me complacía en todo y me preparaba lo que yo pidiera, especialmente pasteles y golosinas.

Poco a poco se fue abriendo mi apetito y sin darme cuenta comencé a ganar peso. Para el tiempo en que celebraba mis 12 años era una jovencita rechoncha, poco atractiva y mi cabello... ¡era un indomable matojo de greñas alborotadas!

Mis hermanos me tenían varios sobrenombres, entre ellos "La Gorda", "La Vaca", "La Refri"; según ellos su hermana parecía ¡un refrigerador lleno de comida! Estaba consciente que no podía depender de mi apariencia física para ser aceptada por otros, por eso inconscientemente exploté mi personalidad para compensar mis defectos y me convertí en "La payasa del salón". Tanto fue así que los estudiantes y los propios maestros me pedían que relatara chistes, anécdotas jocosas y mis famosas imitaciones de "Kiko". Me hice muy popular en la escuela y en mi vecindario. La atención que buscaba de todo el mundo saciaba la sed de amor que tenía desde que mi madre había muerto.

A los 15 años de edad empecé a sentirme muy fatigada. Diariamente me levantaba sin energía y permanecía con un cansancio abrumador. La boca la tenía siempre seca y padecía una sed insaciable. Al mismo tiempo mi visión comenzó a ponerse borrosa. Mi padre se imaginó que mi condición era algo seria y me llevó a una revisión médica.

La primera noticia que recibí, luego del chequeo, fue que mi nivel de azúcar en la sangre estaba alto, noticia que no me sorprendió porque mi debilidad eran las donas, los chocolates y el helado.

—Tienes que cuidarte y someterte a una dieta estricta —explicó el doctor y entregó a mi padre una lista de alimentos que no podía ingerir.

A los cinco días de haberme abstenido de cualquier tipo de alimentos que tuvieran azúcar, me hicieron nuevas pruebas, las cuales demostraron que en vez de mejorar, mi condición había empeorado.

—María, sufres de una enfermedad que se llama diabetes juvenil —dijo el médico con convicción.

—¡De diabetes murió mi tío Julio al que le cortaron la pierna!, —exclamé.

—Si controlas tu diabetes, no tienes que sufrir la misma suerte que él.

—¿Y como hago eso? —pregunté con curiosidad.

—No puedes consumir dulces, chocolates, ni golosinas; tampoco puedes tomar sodas. O sea, tienes que cambiar tus hábitos alimenticios y comer saludablemente, además debes hacer ejercicios diariamente.

—¿Tengo que vivir en dieta? —interrumpí incrédula.

—Así es, pero aún no he mencionado lo más importante.

—¿Hay más? —inquirí irritada.

—De ahora en adelante tendrás que aplicarte tres inyecciones de insulina diarias por el resto de tu vida —dijo el galeno, procurando ser lo más casual posible.

—¿Qué?, ¡no puede ser! —vociferé—. Le tengo terror a las agujas, ¿cómo pretende que me inyecte tres veces al día?, tiene que haber otra solución, si no la hay, ¡prefiero morir!

En aquel momento se me cayó el mundo otra vez.

Los primeros años de mi padecimiento fueron un gran reto. Mi padre me inyectaba porque yo no tenía el coraje de hacerlo. Cada vez que se acercaba a "torturarme", cerraba los ojos, apretaba la mandíbula y angustiada volteaba la cara para el lado opuesto.

Lidiar con las agujas era difícil y para sumarle a mi carga, tenía que escuchar los comentarios que hacía mi abuela:

—No le cuentes a nadie que eres diabética.

—¿Por qué no? —pregunté—. ¿Acaso es un delito?

—¡Claro que no, mi vida! —exclamó, con intención de consolarme—, el problema es que muchas compañías no quieren contratar a personas que tienen condiciones médicas desfavorables y puede ser que en el futuro tengas problemas para encontrar un buen trabajo.

—Pues me buscaré un empleo donde no sean tan insensibles —interrumpí con resentimiento.

—Otra cosa mijita: cuando conozcas a un muchacho, trata de ocultar tu diabetes lo más que puedas, pues si lo averigua apenas conociéndote, puede desilusionarse y no querer formalizar contigo —añadió, sin darse cuenta de la inseguridad que sus declaraciones me causaban.

En ese momento comencé a dudar de las palabras que mi madre siempre me decía: "Tú puedes alcanzar lo que desees". Quizás mi mamá no contaba con que yo iba sufrir de diabetes.

Para el momento en que me descubrieron este padecimiento ya mi padre se había vuelto a casar y entonces tuve celos horribles de su esposa. Desde que mi mamá había muerto, la relación con mi padre era más estrecha. Me fascinaba la atención que recibía de mi papá. Pensé que su nueva esposa venía a tomar mi puesto y a robarse al "amor de mi vida", y con todos los problemas que tenía, era algo que no quería sumar a mi carga.

Los primeros años de adaptación fueron difíciles. Ya me había acostumbrado a vivir con mi abuela donde podía hacer lo que me placiera, ¿pero ahora tendría que vivir con una extraña que quería ocupar mi puesto? Para rematar, mi madrastra había decidido embarazarse (según ella no fue planeado), pero eso significaba que habría **otra** persona más con la que tendría que compartir el amor de mi papá.

Años más tarde me di cuenta que esa mujer era un ángel que Dios (o quizás mi propia madre) me había enviado para ayudarme a alcanzar las metas que he logrado hoy en día. Más adelante hablaré de este ángel en detalle.

El caso es que además de mi abuela, había otras persona muy allegadas a mí que también me hacían dudar acerca de cuál sería mi suerte en el amor y en las finanzas. Una de ellas fue la hermana de mi abuela, que además de ser mi tía y madrina, era una de mis personas consentidas. Siempre hacía comentarios ocurrentes y continuamente empleaba refranes, algunos populares y otros inventados.

—**Quien a buen árbol se arrima, buena sombra lo cobija** —comentó en voz alta, para que yo la escuchara, mientras leía la invitación de bodas de la hija de su mejor amiga; pero no hice caso y seguí riéndome con un comediante que miraba en la televisión.

Entonces se acercó y se sentó a mi lado en un sillón de la sala:

—**No hay peor sordo que el que no quiere oír** —dijo en un tono aún más subido e irónico.

—Tía, te estoy escuchando, pero quiero que prestes cuidado a este hombre, mira cómo cautiva a la audiencia, a mí me fascinaría hablar en público como él —expresé emocionada, mientras me paraba y gesticulaba como el comediante.

—Definitivamente **habrá que rendirse a la evidencia de que este mundo está loco** —dijo volteando los ojos hacia arriba—, ¿acaso no sabes que los comediantes se mueren de hambre?

—No quiero ser comediante, aunque no es mala idea, sino lo que más me gustaría en esta vida es estar frente a mucha gente y recibir aplausos —dije con emotivo entusiasmo.

—Cuidado, **que no te pase como a los insectos** —advirtió con una sonrisa—, **los mosquitos mueren entre aplausos**. Y queriendo cambiar de tema me mostró en alto la postal de boda y continuó:

—María, presta atención, esta chica se va a casar con un muchacho de dinero. Debes hacer lo mismo en el futuro. Consíguete un hombre con mucha plata, serás feliz y nunca tendrás que preocuparte por nada.

—Pero yo siempre he oído que el dinero no compra la felicidad.

—Mijita, **el dinero no es la vida, pero sin dinero no hay comida** —dijo haciendo énfasis en cada silaba y con aire de sabiduría.

—¿Y si me caso con un hombre que sea bueno pero sin dinero?

—**Casamiento de pobres: fábrica de limosneros**. Si no tienes dinero, olvídate de viajar, de conocer el mundo, de manejar un buen auto, de vestir bien, de vivir en una buena casa. —continuó con afán de convencerme.

—Sigue mi consejo, mi madre me suplicó que no me casara con un muerto de hambre, pero no hice caso y me casé con tu tío —Dios lo tenga en la gloria—. Por eso, jamás tuve ningún lujo. Pero **al mal tiempo, le puse buena cara...** Y todo por no querer escuchar a mi madre...

—Bueno tía, **no hay peor sordo que el que no quiere oír** —le dije apuntándola con el índice y ambas nos carcajeamos.

Aunque mi queridísima madrina deseaba lo mejor para mí, no se daba cuenta que el mensaje subliminal que me enviaba era que yo no tenía los recursos necesarios para obtener las cosas buenas de la vida, y que la única forma de vivir en prosperidad era dependiendo de alguien que me lo proveyera.

De acuerdo con los prerrequisitos de mi abuela y mi madrina, no sería fácil encontrar a mi futuro esposo. No sólo debía

> El dinero no compra la felicidad.

tener mucho dinero, sino que tenía que ser alguien a quien pudiera engañar acerca de mi diabetes.

Al igual que muchas jovencitas de familias latinas, crecí con la mentalidad de que la decisión más inteligente que podía tomar una mujer para asegurar su futuro, era contraer nupcias con un doctor, ¡o con un abogado, por supuesto!

Para ese tiempo yo ya había perdido bastante peso, mi aspecto "rechonchito" fue quedando atrás; era como haberme desprendido de un pedacito de las partes negativas de mi pasado que quería superar. Mientras tanto, a la hora de entrar a la universidad, no estaba segura de lo que iba a estudiar. Yo sólo sabía que me fascinaba cautivar a un público. El campo de las comunicaciones era perfecto para mí, porque me daría la oportunidad de exponerme en una arena que alcanza a las masas a través de los medios de comunicación, y de alguna forma estaría en contacto con el público. Sin embargo, no me atreví a ingresar a esa área, porque siempre había escuchado argumentos que me desalentaban: "Las personas que estudian comunicaciones van directito a la fila de los desempleados", decía mi abuela. "Es muy competitivo y son muy pocos los que triunfan en esa arena", comentaba mi padre. "Debes estudiar algo que te asegure encontrar trabajo luego de graduarte", decía mi madrastra. Por eso me inscribí en administración de empresas, con una especialidad en contabilidad, algo que no me interesaba en lo más mínimo, pero supuestamente me garantizaría no formar parte de "las filas de los desempleados".

Así que por varios años puse a descansar mi sueño hasta que un buen día mi abuela me comentó que tenía planes de ir a los Estados Unidos por seis meses para ver a su hijo, mi tío Rubén, quien hacía años había llegado a California sin un centavo, pero con muchos sueños de grandeza.

—Mi hijo se acaba de comprar un Cadillac, un bote y una casa con piscina —dijo mi abuela con orgullo—, estoy ansiosa de verlo.

Mi tío Rubén, hermano de mi mamá, es una persona de grandes metas al igual que ella lo fue. Comenzó en el mundo culinario sin ninguna experiencia, ni dinero, pero su principal virtud fue tener la habilidad de visualizar claramente su más grande obsesión: tener su propia cadena de restaurantes. Hoy en día cuenta con más de cien establecimientos, pero en aquel momento, cuando mi abuela decidió visitarlo, únicamente tenía tres.

—Nunca te he pedido nada grande —le advertí a mi abuela tratando de manipularla. Te ruego que me lleves contigo a California. Los números me aburren, me he dado cuenta que una carrera en contabilidad no es para mí. Los Ángeles es la ciudad de las oportunidades. Allá tengo más posibilidades de conseguir un trabajo en los medios de comunicación, que es lo que realmente quiero hacer. Por favor llévame contigo, éste sería el mejor regalo que me puedas dar —dije con la misma cara que pone un perrito cuando quiere su huesito.

Y expandí mis horizontes

Fue así como llegué ilusionada a California con mi abuela, pero olvidé un pequeño detalle: para trabajar en Estados Unidos tienes que hablar inglés y eso era algo a lo que yo le tenía terror. El único lugar donde pude encontrar un trabajo en el que me aceptaran, con mi poco dominio del idioma, fue en uno de los restaurantes de mi tío Rubén.

Mi traslado a Los Ángeles no parecía ofrecerme lo que yo esperaba. Como no tenía dinero para comprarme un auto, debía levantarme muy temprano para tomar dos autobuses, que por cierto tardaban dos horas y media para llegar al restaurante. Trabajaba largas horas y ganaba el sueldo mínimo lavando platos, sirviendo cervezas, atendiendo la cocina, cobrando en la caja y finalmente, tras cerrar el restaurante cada noche, tenía que dejar limpio todo para abrir al día siguiente. Sin embargo, esto nunca me desalentó; por el contrario, reservaba fuerzas y entusiasmo para tomar clases de inglés por las noches y así progresivamente me fui soltando con el idioma.

Hasta que una tarde llegó al restaurante un simpático estado-
unidense —¡29 años mayor que yo!—, y que más tarde sería mi
futuro esposo. Él era dueño de una compañía que construía equipos de cocina y arribó al restaurante de mi tío para tomar unas
medidas a unos equipos de refrigeración.

—¿Se encuentra Rubén? —preguntó con una amistosa sonrisa
"El gringo".

—No —respondí—, pero soy su sobrina, ¿puedo ofrecerle algo?

—Claro que sí —dijo—, ¿me acompañas a dar una vuelta en
mi velero el domingo?, por supuesto con permiso de tu tío.

Su proposición me dejó estupefacta y no supe qué decir, ¡ese
señor podía ser mi padre!, ¿estaría hablando en serio? Nunca un
hombre había sido tan directo conmigo.

—Mi tío regresa en un par de horas—, contesté riéndome, tratando de ignorar la pregunta.

—Bueno, pues ni hablar más del tema, tomaré unas medidas
en lo que el tío regresa y le pediré permiso —dijo en un tono de
buen humor, pero con mucho respeto.

Este señor poseía una seguridad hechizante y aunque fue bastante agresivo, tenía un aire que inspiraba confianza. Así que, a
pesar de la gran diferencia de edad, ese fin de semana me fui a
navegar en alta mar. Y después de aquel encuentro en su velero,
que se desarrolló entre sol y brisas, poco a poco el magnético esta-
dounidense me fue inundando con regalos y flores.

Visité a su lado lujosos restaurantes e incursioné en un mundo
deslumbrante. Por primera vez sentí que alguien importante me
prestaba atención. Había encontrado lo que mi tía me aconsejó
toda la vida, es decir, aquel hombre adinerado, que además tenía
mucha madurez y sabiduría.

Al poco tiempo, el paso siguiente fue contraer nupcias y tal
como me dijo mi madrina, sabía que no tenía que preocuparme
de nada. Con él empecé a tener la oportunidad de transformar-
me en una *Bussiness woman*.

Convertida ya en toda una dama de negocios y con el dinero
de sobra, mi esposo me compró dos restaurantes con los cuales,

sentí que dejé atrás aquellos días en que lavaba trastes, servía tarros de cerveza, cobraba y me quedaba a limpiar las mesas en el negocio de mi tío, después de cerrado el restaurante.

Pero ahora trabajaba de "dueña", justamente al frente de todas esas actividades rudas y sacrificadas. Esta vez me sentía "importante" porque yo era quien daba las órdenes y no era simplemente la cajera.

Los primeros días de matrimonio fueron buenos, disfrutaba de la solvencia económica, casa bonita, auto de lujo, buenas joyas, y era dueña de dos restaurantes, pero lamentablemente carecía de abundancia espiritual. Aunque tenía una vida fácil, me sentía vacía.

Poco a poco la relación se fue deteriorando. Me había dado cuenta que este hombre y yo no teníamos nada en común y descubrí que me había casado por las razones equivocadas. Me sentí decepcionada conmigo. "¿Por qué me casé?"

Recordé que yo había venido a California a perseguir mi sueño, mas no a cristalizar los consejos de mi madrina. Sabía que nunca sería feliz en ese matrimonio, y tampoco quería saber nada más de restaurantes, pero me daba terror pensar en un divorcio: "¿Podré salir adelante yo sola, sin el apoyo de un hombre?, ¿qué dirá mi familia?"

Les había causado ya un disgusto cuando me casé con un hombre que era mayor que mi propio padre, y ahora que ya lo habían aceptado, tenía que darles la noticia de que María se divorciaba. Era una decisión escalofriante, pero la tristeza que experimentaba en el fondo de mi corazón fue el detonante para decidirme al divorcio. Hay veces que tenemos que pisar fondo para encontrar el impulso.

Cuando dejé a mi esposo tenía tantos remordimientos que no le pedí ni un centavo. Me fui únicamente con mi ropa y mi auto a buscar una nueva vida. Y aunque tuve muchas inseguridades, me sentí aliviada; había salido de un gran peso psicológico. Me sentí liberada, quería decirle a mi madrina: **"aunque la jaula sea de oro, no deja de ser prisión".**

> Hay veces que tenemos que pisar fondo para encontrar el impulso.

Yo estaba deseosa de emplear mis talentos y hacer algo que me llenara. Ahora era el momento para enfocarme en el motivo por el que había llegado a California: perseguir mi sueño de estar frente a un público.

Esa misma semana leí un libro muy interesante que hablaba del poder de la visualización. Según el autor, todo lo que necesitas para atraer a tu vida lo que deseas es tener la habilidad de visualizar claramente dicho anhelo, de tal forma que experimentes lo que es real, y si logras hacerlo, tu visualización se materializará en tu vida. Descubrí que eso era precisamente lo que me faltaba para alcanzar lo que deseaba. No es suficiente tener un sueño: "tienes que visualizarlo y creer que ya se ha cumplido".

Después de asimilar aquel concepto de la **visualización** fui a visitar a mi familia a Puerto Rico para pasar la navidad y en el vuelo de regreso a Estados Unidos, me puse a leer la revista que ponen en los respaldos de los asientos. Había un anuncio de dos ejecutivos estrechándose la mano que decía: "En la vida, como en los negocios, no obtienes lo que mereces, obtienes lo que negocias".

Aquella frase era parte de la publicidad de una prestigiosa empresa de Beverly Hills, California, que impartía seminarios de negociación en todo el mundo. Después de leer el anuncio pensé: "Dios mío, qué feliz sería si pudiera trabajar para esta empresa y viajar por todo el mundo".

Situada en el asiento de ventanilla, miré a través de ella hacia el horizonte azul, cerré los ojos y, entre las nubes, me visualicé allá arriba, formando parte de aquella compañía de seminarios en negociación. Mi mente en ese instante **visualizaba** cómo luciría yo dando esos importantes seminarios a grandes empresarios. Me veía elegantemente vestida, con traje de falda y chaqueta, al frente de un salón ejecutivo, impartiendo consejos brillantes para mejorar las negociaciones de grandes empresas del orbe.

Pero cuando nuevamente despegué mi vista de aquellas inmensas nubes y volví la mirada a la revista, pensé un tanto desilusionada: "Yo no tengo los requisitos para un trabajo tan importante", pero a la vez contaba con un aire de esperanza; es decir, me quedé con aquella sensación de querer cristalizar mi sueño para poder realizarlo algún día no muy lejano. Así que arranqué el anuncio de la revista y cuando llegué a mi casa en Los Ángeles lo guardé en mi mesita de noche.

Transcurrieron varios días después de mi regreso de Puerto Rico y un buen día comencé mi búsqueda, dirigida y enfocada a encontrar lo que yo más quería hacer en la vida. Primero me inscribí en un curso de comedia por las noches, era algo que siempre había querido intentar, aun sabiendo que una de las cosas más difíciles de hacer en esta vida es ser comediante.

Hice varias presentaciones pequeñas antes del día decisivo. La graduación de esta clase consistía en una presentación, en un club de comedia, frente a una gran audiencia. Cuando llegó el momento de graduarme, debía salir al escenario a enfrentar al monstruo de mil cabezas, es decir al público, y me dieron unos nervios espantosos. "¿Qué hago si la gente no se ríe?", me cuestioné aterrada.

Finalmente, respiré profundo. Se levantó el telón. Ahí estaba yo sobre el escenario, frente aquella exigente audiencia y lista ya para hacer mi rutina de comedia. El resultado no me dejó dudas, sabía que me había graduado con todos los honores porque recibí una emotiva ovación del público asistente. Fue un momento muy emocionante; era la primera vez que alcanzaba un logro trascendente usando mis talentos.

Lo siguiente que hice fue ir a una audición para una obra teatral y, sin experiencia alguna, me dieron el papel. Después el productor de la obra me recomendó con un amigo suyo, quien tenía un show de televisión local, y conseguí ser la co-conductora del programa por unos meses.

También un motivador en la radio me dio la oportunidad de tener un pequeño segmento en su programa, en el cual participaba yo tres días por semana. El show

"En la vida como en los negocios, no obtienes lo que mereces, obtienes lo que negocias".

se realizaba en una emisora situada a hora y media de mi casa. Tenía que levantarme a las 4:30 de la mañana para llegar a tiempo. Mi sección era dedicada a las mujeres. Me fascinaba participar en un programa que inspiraba y tocaba el corazón de sus oyentes.

Aunque todas estas oportunidades no producían mucho dinero, nutrían cada día mi seguridad y eran un gran aprendizaje para lo que pretendía alcanzar; pero estaba consciente que debía encontrar un trabajo en el cual poder desarrollar mis talentos y a la vez que me diera solvencia económica.

Mientras realizaba estas actividades variadas, donde de alguna forma adquiría cierta experiencia para llegar a mi sueño, trabajaba como maquilladora para una línea de cosméticos en una tienda departamental.

Un día, mientras leía el periódico en la sección de "empleos", encontré un anuncio que me sonaba familiar. "¡Qué casualidad!" Era justamente de la misma compañía en Beverly Hills cuyo anuncio guardé en el cajón de mi mesita de noche tras mi regreso de Puerto Rico. Sentí que ¡esto era una señal divina!, ¡que era ese momento oportuno que yo esperaba!

Al parecer, ¡mis ejercicios de visualización trabajaban! "¡Gracias Dios mío porque mi sueño se cumplió!", pensaba; pero cuando empecé a leer los requisitos para ser seminarista de esta compañía, yo carecía de casi todos:

El candidato para aspirar a esta posición debe contar con:

1. Experiencia en negociaciones internacionales.
2. Experiencia en ventas ejecutivas.
3. Experiencia en consultoría para compañías "Fortune 500".

"Oh no... este trabajo no es para mí, jamás podré aplicar para este empleo, yo no califico", dije con profunda decepción, aunque continué leyendo:

4. El aplicante debe estar dispuesto a realizar viajes nacionales e internacionales.

"¡Sí! Este trabajo es para mí", grité emocionada, mientras saltaba de la silla y apretaba los extremos del periódico poniéndolo en alto.

5. El solicitante debe ser dinámico.

"¡Chévere, no hay más que hablar, este trabajo es para mí!", exclamé sin importarme que competiría con personas más calificadas.

Gracias a Dios que mi madrina no estaba en ese momento conmigo, porque si no habría dicho:

"Brincos dieras que esa pulga saltara en tu tapete". Yo sabía que no tenía todo el conocimiento académico para ese puesto, pero sí poseía cosas más importantes: El **compromiso** conmigo misma de obtener dicho empleo, la **disposición** de aprenderlo y el vivo recuerdo de las palabras de mi madre: **"Lo que sea mijita, tú puedes lograrlo"**.

Conseguir este empleo fue uno de los retos más grandes que he tenido en mi vida, por eso cuando lo obtuve me sentí aún más dichosa que la noche que me dieron la ovación en el club de comedia.

Seis meses más tarde estaba presentando seminarios en el "Arte de Negociar", y así fue como comenzó mi fascinante carrera de oradora. Los años que trabajé para esta empresa fueron el trampolín que me lanzó más tarde como motivadora, columnista, autora y conductora de mi propio show de radio.

Cómo lo logré

Diariamente doy gracias por todas las bendiciones que tengo, pues sé que Dios tiene el control de nuestras vidas, pero también sé que nosotros tenemos el control de nuestros sueños. Una de las preguntas que siempre me plantean en mis conferencias o entrevistas es: "¿Cómo pudiste reponerte de momentos tan difíciles en tu niñez y adolescencia para llegar hasta donde estás?" Quizás tú también te lo cuestiones y quisieras escuchar una respuesta reveladora que te inspirara a encontrar la fuerza que necesitas para perseguir tus sueños, o simplemente que te impulsara a dar un primer paso trascendente para darle un giro significativo a tu vida.

Mi contestación no tiene una fórmula secreta, tampoco me considero una persona que posea dones maravillosos o curativos; sin embargo considero que si tú hubieras estado en mi lugar también lo habrías superado, porque no importa la dimensión del obstáculo que encuentres en tu vida, naciste con la capacidad para superarlo.

Medita un poco sobre las condiciones en que naciste. Superar el parto es para cada ser humano el reto más grande que enfrentará durante su vida. Según los expertos, la adrenalina de un recién nacido llega a elevarse a un nivel que ni siquiera alguien que sufre un ataque al corazón puede igualarlo. Por eso, independientemente de cuánta tensión experimentemos, el estrés del nacimiento nos prepara para manejar cualquier situación. Sin embargo, si tuviera que resumirte en una palabra cómo fue que pude superarme, diría que fue mi fe, y si tuviera que darte la definición de fe en una oración sería esta:

Fe = Anticipar y esperar lo bueno.
Y fe viene siendo lo opuesto al miedo:
Miedo = Anticipar y esperar lo malo.

La muerte de mi madre muy fácilmente me pudo haber hecho perder la fe en esta vida; sin embargo fue la misma fe que ella me tuvo lo que me inspiró a creer en mí. Ella quiso engendrar seguridad en mí misma, que fue precisamente lo que a ella le faltó.

> No importa la dimensión del obstáculo que encuentres en tu vida, naciste con la capacidad para superarlo.

Mi mamá deseaba ser cantante de ópera y poseía una voz celestial, pero no lo intentó profesionalmente porque mi abuela le dijo que esa carrera la llevaría directito a "las filas de los desempleados". Así que murió a los 33 años de edad sin haber perseguido lo que le apasionaba.

Sabía mi madre que la diferencia entre alguien que busca realizar sus sueños y quien no lo hace, es el nivel de seguridad que tiene esa persona en sí misma. Por eso sus palabras de aliento que me subrayaban que yo podía llegar a ser lo que quisiera me dieron la inspiración para nunca rendirme.

Los problemas y obstáculos por los que pasamos nos hacen perder las esperanzas, sin embargo el propósito de una barrera no es hacerte perder la fe, **¡no!** Por el contrario, un peldaño nos da la fuerza que necesitamos y significa aprender lecciones para ser mejores seres humanos. ¿Acaso no te has dado cuenta que cada obstáculo que has tenido en tu vida te ha traído una enseñanza?

Piensa en la situación más difícil por la que atravesaste en tu vida. A lo mejor fue un fracaso amoroso, una traición, una derrota financiera o una enfermedad y dijiste: "¿Por qué me ha sucedido esto a mí?" Quizás en aquel momento, hasta pensaste que la muerte era una mejor opción antes que enfrentar el problema, pero ahora responde honestamente a estas interrogantes:

1) ¿Aprendiste algo de dicha situación?
2) ¿Eres un mejor ser humano como resultado de esa experiencia?
3) ¿Aquel problema trajo una oportunidad inesperada a tu vida?

Si respondiste afirmativamente por lo menos a una de estas preguntas, debes estar de acuerdo conmigo en que gracias a ese revés, eres una persona más fuerte y más sabia que antes. Entonces, después de todo, había una bendición oculta. Cada dificultad que has enfrentado en la vida, te ha traído una valiosa enseñanza. De ahora en adelante, cuando encuentres una complicación, en vez de decir: ¡No puedo creer lo que me está sucediendo!, más bien di: ¿Qué viene este problema a enseñarme?

✓ Cuando enfrentas una barrera, aprendes a ser perseverante.

✓ Cuando confrontas una situación deshonesta, aprendes integridad.

✓ Cuando pasas por un sufrimiento, aprendes a tener compasión por otros.

✓ Cuando tratas con alguien lento, aprendes a tener paciencia.

✓ Cuando tienes que lidiar con un testarudo, aprendes a ser flexible.

✓ Cuando experimentas miedo, aprendes a ser valiente.

✓ Y cuando afrontas una situación que parece no tener solución, aprendes a tener **fe.**

No importa cuán difícil pueda ser una situación, o que tan desesperante sea, ten **fe** en que una solución llegará, más bien **¡ten la certeza!** de que habrá un final feliz.

Es así como he podido superar mis adversidades. **Fe,** fue lo que me inspiró a alcanzar el sueño que tenía desde niña de estar frente a un público.

Años más tarde me di cuenta que mi anhelo de estar en un escenario era el vehículo para llevarme a cumplir con mi verdadero propósito en esta vida y hacer lo que realmente me apasiona: **aprender información valiosa y pasar ese conocimiento a otros, para que puedan aplicarlo y mejorar la calidad de sus vidas.**

Ejercicio A:

Marca con una X, en los espacios de la izquierda, las adversidades u obstáculos que has tenido que enfrentar en tu vida:

☐ Perdiste a alguien especial.

☐ Perdiste algo valioso.

☐ Perdiste tu trabajo.

☐ Sufriste una situación económica difícil.

☐ Cometiste un error / Tomaste una mala decisión.

☐ Te divorciaste / Llegaste al fin de una relación amorosa / o amistosa.

☐ Te traicionó un amor / una amistad / un familiar / o alguien en los negocios.

☐ Tienes exceso o falta de peso / o bien de estatura.

☐ Alguien atentó contra ti.

☐ Experimentas alguna adicción.

☐ Padeces una enfermedad seria / o terminal.

☐ Sufriste abuso físico / mental / o emocional.

☐ Reprobaste un examen.

☐ Tuviste un accidente / o herida grave.

☐ Alguien cometió una injusticia contigo.

Otra _____

_____.

Ejercicio B:

Selecciona los obstáculos que marcaste en el ejercicio A, para obtener las enseñanzas que tú consideres haber encontrado a esos problemas:

1. Si yo hubiera escogido pasar por:_____

_____.

(Anota en este espacio una de las adversidades que marcaste en el ejercicio A.)

Mi enseñanza hubiera sido: _____

_____.

(Anota en este espacio cuál crees tú que fue tu enseñanza.)

2. Si yo hubiera escogido pasar por:_____

_____.

(Anota en este espacio una de las adversidades que marcaste en el ejercicio A.)

Mi enseñanza hubiera sido: _____.

(Anota en este espacio cuál crees tú que fue tu enseñanza.)

3. Si yo hubiera escogido pasar por:_____

_____.

(Anota en este espacio una de las adversidades que marcaste en el ejercicio A.)

Mi enseñanza hubiera sido: _____

_____.

(Anota en este espacio cuál crees tú que fue tu enseñanza.)

Ejercicio C:

¿Cómo o dónde puedo aplicar las enseñanzas que obtuve en el ejercicio B?:

Respuesta: Detecta el problema, analiza tu enseñanza y no cometas el mismo error dos veces, entonces imagina qué cosas harías diferentes si se te presentara de nuevo la misma problemática:

_____

_____

_____.

> *Dios no te hubiera dado la capacidad de soñar sin darte también la posibilidad de convertir tus sueños en realidad.*
> *-Anónimo*

2

¡Se acabaron las excusas!

¿Quieres más de la vida? ¿Estás descontenta con varias decisiones que has tomado? ¿Desearías hacer cambios en ti? ¿Encuentras barreras para alcanzar tus metas? ¿Quieres superarte, pero no sabes qué camino seguir?

Si tu respuesta a la primera pregunta fue **sí**, seguramente las contestaciones al resto de las interrogantes fueron afirmativas también. Significa que no estás contenta con alguna parte de tu vida, que hay algo de ti que te perturba, o hay alguien que te resulta molesto; inclusive hay días en que hasta tú misma desconoces lo que te incomoda, porque nada te llena, es decir, no te sientes satisfecha. Si así fuera el caso, te pregunto: ¿Qué te está deteniendo para hacer esos cambios que requiere tu vida?

Seguramente tienes una o varias razones que justifican el porqué no puedes hacer estas modificaciones, ya sea porque crees que no es posible o porque algo o alguien te lo impide.

Es por eso que voy a ser sincera contigo y a explicarte que independientemente de cuáles sean tus argumentos para no poder perseguir tu sueño, meta o aspiración, éstos ¡son sencillamente pretextos!

Exactamente como lo leíste: ¡Sólo inventas **excusas**!

En el periodo en que recopilaba información para mi audiolibro *Secretos de la mujer segura*, realicé un estudio para el que entrevisté a cientos de mujeres y noté que la gran mayoría deseaba hacer cambios en su vida. Algunas querían desempeñarse en otra profesión o empleo, otras anhelaban una renovación en su vida sentimental, a algunas más les gustaría perder peso,

41

cambiar sus hábitos alimenticios o modificar su apariencia física. Además existía un grupo que aspiraba tener más tiempo para relajarse y también quienes deseaban regresar a la escuela.

Lo sorprendente de esa investigación fue que cuando les pregunté las razones por las cuales no se atrevían a tomar decisiones y hacer modificaciones, aparecieron miles de pretextos por todos lados ¡y entonces me di un buen banquete con todas esas excusas! Sin embargo, independientemente del cambio que buscaban, la mayoría coincidió en las mismas razones por las cuales no se atrevían a hacer lo que debían. Es decir: renunciaban a seguir lo que su corazón e intuición les decía.

Los resultados reveladores de estas encuestas me dieron la pauta para delinear las **siete** excusas más comunes que nos mantienen paralizadas y evitan movernos fuera de esa zona que nos parece cómoda o familiar y que son producto de la costumbre.

Excusa 1:
¡No es el mejor momento!

De todos los pretextos, éste es el ganador y más común. Sin duda, cada vez que tengas que hacer un cambio radical creerás que es conveniente esperar a que te sientas segura para efectuarlo. Esto se debe a que cuando hacemos modificaciones de cualquier índole estamos pisando territorio desconocido. Por eso no importa cuál sea la decisión que asumas, bien sea cambiar de trabajo, decidirte a tener un hijo o dejar una mala relación, **siempre** sentirás que "no es el mejor momento para hacerlo".

Pero si te sientas a esperar el momento oportuno para cumplirlo, te quedarás sentada y esperando toda la vida y **nunca** darás el primer paso. De hecho, mientras más aguardes, más insegura te sentirás. Y como dijera mi madrina en uno de sus famosos refranes: **Y para muestra basta un botón:** El mejor ejemplo que puedo usar para ilustrar esta excusa es mi amiga Alina, quien estuvo casada durante 20 años con un hombre con el que nunca careció de cosas materiales; vivía en una hermosa casa en la playa, manejaba un auto lujoso, viajaba por todo el mundo ¡y su anillo de bodas tenía un diamante más grande que un garbanzo! Pero a pesar de toda esta abundancia material, su esposo fue un hombre cruel porque la maltrató física y verbalmente.

—¿Por qué te esclavizaste por tanto tiempo? —le pregunté con curiosidad.

—Siempre tuve la esperanza de que él cambiara, éramos jóvenes y pensaba que podía convertirse nuevamente es ese ser encantador que él era cuando nos conocimos —recordó.

—¿Y cuándo comenzó a cambiar? —cuestioné.

—La noche de nuestro primer aniversario de bodas se fue con sus amigos y llegó a los tres días sin avisarme, cuando regresó, le reclamé y contestó violentamente con insultos y me dio un empujón contra la pared, y desde ese preciso momento supe que sería infeliz y tenía que dejarlo —expresó con tristeza.

—¿Y por qué no lo dejaste? —cuestioné.

—Es que quedé embarazada y pensé que "no era el mejor momento" —alegó.

—¿Por qué no te fuiste luego que la niña nació? —le reclamé.

—Decidí permanecer a su lado hasta que mi hija cumpliera seis años, pero cuando ella entró a la escuela, pensé que "no era el mejor momento" para un divorcio —dijo.

—Pero tú seguías con él, aun cuando tu hija iba a la escuela superior —le dije con tono de protesta.

—Lo hice por el bienestar de mi hija —justificó.

—¿Acaso pensabas que un día tu hija te iba a decir: "Mami, quiero agradecerte que permaneciste con mi papi por tantos años, aun cuando te sentías desdichada e infeliz. Estoy orgullosa de ti por el sacrificio heroico que hiciste y porque estuviste dispuesta a renunciar a los mejores años de tu vida por mí... ¡Gracias!" —le dije sarcásticamente para hacerla reflexionar.

—En vez de agradecimiento, mi hija siente lástima y me confesó que lo que más le afectó no fue el divorcio, ni los años después del mismo, sino el tiempo que vivió en la casa viendo a su madre sufrir —me confesó con angustia en su voz y continuó—. El "mejor momento" para dejarlo fue en ese primer aniversario, cuando me puso la mano encima.

> ¡Siempre es el "mejor momento" si eso es lo que te dice tu corazón!

Así como Alina, puedes sentir que "no es el mejor momento" para cambiar de empleo, entrar a estudiar, organizar tu casa, empezar una dieta o hacer ejercicio. Sin embargo, el instante más oportuno para tomar decisiones y actuar es cuando tu alarma interna se prende y tu sexto sentido te dice que debes moverte.

Excusa 2:
No estoy preparada, me falta experiencia

Un pretexto que he escuchado miles de veces es: "No tengo experiencia en computadoras, así que no puedo ejercer ese trabajo"; otro muy común es: "Me ofrecieron un mejor puesto en mi trabajo, pero tengo terror de tomar la oportunidad porque no tengo suficiente experiencia".

Lo asombroso de esta excusa es que durante mi estudio, les pregunté a diversas damas acerca de sus aspiraciones profesionales, y tanto las mujeres con un alto grado universitario como las de pocos estudios manifestaron las mismas inseguridades. Esto demuestra que independientemente de cuánta educación posea alguien, siempre tendrá miedo a emprender algo nuevo.

Una investigación, conducida por la prestigiosa Universidad de Harvard, demostró que únicamente el 15% de las razones por las cuales una persona logra triunfar, personal y profesionalmente, tiene que ver con el conocimiento técnico en ese campo, mientras que al 85% restante el éxito se lo atribuye a la actitud y capacidad para relacionarse con otras personas.

Queremos ser expertos antes de comenzar, pero lo único que nos dará experiencia ¡es hacerlo! En lo personal, me identifico bastante con esta excusa porque la he usado cuando tengo que emprender algo nuevo en mi carrera.

Recuerdo cuando me llegó la oportunidad de escribir una columna semanal para un periódico muy importante en Estados Unidos que pensé: "¡No tengo la experiencia!, nunca he escrito columnas, no estoy preparada para redactar un tema diferente cada semana". Aun así acepté el reto y nunca enteré al editor del diario de mi escasa experiencia, ¡mucho menos le conté que me moría de nervios hasta para tomar la pluma! Hoy en día mi columna es leída en decenas de publicaciones no sólo en Estados Unidos sino también internacionalmente.

> Queremos ser expertos antes de comenzar, pero lo único que nos dará experiencia ¡es hacerlo!

No puedes esperar a sentirte como un experto para emprender algo. Si lo haces, ¡te quedarás esperando toda la vida!, y la pura verdad: **"Tú no naciste para estar sembrada"**, como diría mi madrina.

Excusa 3: No tengo tiempo

Estoy muy ocupada... "no tengo tiempo para hacer ejercicio", "no tengo tiempo para regresar a la escuela", "no tengo tiempo para buscar un nuevo empleo", "no tengo tiempo para dedicarle a mi familia". ¡Las mujeres nunca tenemos tiempo para nada! Te apuesto a que de todas estas excusas, tu favorita es: No tengo tiempo para hacer ejercicio y podría asegurarte que en los últimos cinco años has dicho: "Quiero empezar a ir al gimnasio, ¡pero no tengo tiempo!" ¿Me equivoqué acaso en tu respuesta? ¡Claro que no!

Si no te alcanzan las horas para hacer lo que tienes que hacer, significa que estás desorganizada y no tienes tus prioridades en orden. Las personas más ocupadas son precisamente a las que les sobra el tiempo para hacer actividades adicionales y esto se debe a que organizan su tiempo con efectividad.

Hace años tomé un curso de *Time management* (organización del tiempo) y el instructor contó una historia, la cual me enseñó una valiosa lección que voy a compartir contigo.

Relató que un día el presidente de una compañía productora de acero le dijo a su consultor: "Si me enseñas a manejar mi tiempo de una forma que pueda completar más tareas, te pagaré cualquier suma que sea razonable". Entonces el asesor le dio un pedazo de papel y le indicó: "Escriba las tareas que debe hacer mañana y enumérelas en orden de importancia. En cuanto llegue a la oficina comience con la número uno y no haga nada más hasta que la complete. Cuando finalice, verifique nuevamente su orden de prioridad y prosiga con la número dos. Si alguna labor le toma todo el día, no importa, mientras que ésta sea la más importante. Al siguiente día haga lo mismo e incluya lo que no pudo completar anteriormente. Una vez que este sistema funcione para usted facilíteselo a sus empleados, y luego de tratarlo por un tiempo envíeme un cheque con la cantidad que crea razonable".

Al cabo de varias semanas el consultor recibió un cheque de 25 000 dólares, acompañado de una nota que decía: "Este es el consejo que más ganancias me ha generado... ¡gracias!"

Cinco años más tarde esta compañía de acero se transformó en la más grande de su género en el mundo y su presidente se convirtió en un multimillonario. Luego, sus amigos le cuestionaron por qué había pagado tanto por una idea tan simple, y él respondió: "¿Existe alguna idea que no sea simple?"

Aunque este método no me ha hecho multimillonaria todavía, sí me ha ayudado inmensamente a ser más productiva en mi vida profesional y personal. Te propongo que uses este sistema, y luego escríbeme y dime cuánto crees que vale este consejo. Claro, si quieres enviarme un cheque, ¡sin remedio lo aceptaré!

> *Tiempo bien ordenado es señal de una mente ordenada*
> *–Sir Isaac Pitman.*

Excusa 4: Estoy muy vieja

De manera continua escucho comentarios como éstos: "Estoy muy vieja para aprender inglés"... "Estoy muy vieja para encontrar un nuevo amor"... "Estoy muy vieja para aprender a jugar tenis"... "Estoy muy vieja para buscar un nuevo trabajo"... "Estoy muy vieja para regresar a la escuela"...

¡Lo sorprendente es que he escuchado comentarios similares incluso de chicas de 26 años!

"Estoy muy vieja"... es simplemente un pretexto. Alguien que pretende alcanzar un sueño y se rinde porque piensa que le falta juventud, realmente lo que tiene es miedo a no lograr lo que se propone.

Es mucho más fácil decir: "Estoy muy vieja", que exponerte a fracasar. En cambio puedes decirle a todos: "Yo hubiera sido una gran cantante (o actriz, o empresaria) pero se me hizo muy tarde...". Con esta excusa, en vez de arriesgarte te justificas contigo misma y no corres ningún peligro, pero en el fondo lo que te hace falta es seguridad en ti misma.

La próxima vez que te sientas "muy vieja" para ejecutar algo, hazte la siguiente pregunta: ¿Existen mujeres de mi edad que han podido hacer lo que yo deseo? ¡Claro que sí!, entonces tú también puedes.

Una vez leí en un periódico de la Ciudad de México un artículo acerca de una señora que a sus 90 años había decidido regresar a la escuela para graduarse de High School, ¡te imaginas!

También conozco a una dama que toda la vida quiso ser cantante, pero siempre te-

> No importa cuál sea tu edad, no importa si tienes 26 o 96 años, nunca es demasiado tarde.

nía una excusa para no hacerlo, finalmente a los 62 años decidió usar sus talentos.

¿Qué motivó a estas mujeres a perseguir sus sueños a una edad tan avanzada? En definitiva no fue el dinero o la posición que alcanzarían, pues no creo que la abuelita pensara en fundar una empresa luego de acabar sus estudios, ni creo que la cantante esperaba vender un disco de oro; pero ambas quisieron cristalizar su anhelo por la satisfacción que trae realizar lo que realmente te apasiona.

Tal vez piensas que tomará mucho tiempo o será difícil hacer algo que llevas posponiendo, pero te garantizo que cuando lo hagas vas a decir "¡estoy orgullosa de mí, lo intente y lo logré!"

Excusa 5: Hay mucha competencia

Uno de los argumentos más utilizados a la hora de emprender un negocio, o de emplear nuestros talentos, es el siguiente: "Hay muchas personas haciendo lo mismo que yo quiero hacer, ¿qué me hace pensar que voy a ser mejor?" Precisamente porque hay competencia, significa que existe demanda para una necesidad en la cual no sólo buscas participar sino además ser el mejor.

Medita un poco, si no hubiese un mercado tan diverso, sería aún más complejo desarrollar lo que quieres emprender, pues significaría que todavía a nadie le ha interesado el producto, idea o talento que piensas convertir en una necesidad.

Vamos a poner un ejemplo: Alguien que desee vender un producto creativo, digamos unos guantes fosforescentes para lavar platos, no tendrá ninguna competencia en el mercado, pues no creo que haya nadie que ofrezca este producto. Pero el hecho de que no tenga competencia, ni mucho menos empresas que fabriquen "tan coloridos guantes", no significará que el producto se venderá "**como pan caliente: en cuanto sale se vende**". Creo que más bien será un producto que costará mucho trabajo vender porque los consumidores no tienen conocimiento ni interés en esta nueva idea.

Lógicamente alguien quien pretenda vender una novedosa pizza tendrá muchas más posibilidades de que su producto se consuma, sin importar que la competencia sea astronómica, ya que este tipo de alimento es delicioso, económico y prácticamente instantáneo, y se ha convertido en una necesidad para la mayoría de las personas que vivimos a un ritmo acelerado en las grandes metrópolis.

> Tienes que creer en lo que estás haciendo.

Lo que sí nos queda bien claro es que, independientemente de cuál sea tu idea, producto o servicio, bien sea escribir un guión, vender un producto, abrir una clínica para la infancia, ser periodista o motivadora, no existe nadie sobre la faz del planeta que pueda hacer algo como tú. Es por eso que no debe preocuparte la competencia. Lo más importante es que tienes que creer en lo que estás haciendo y eso te elevará sobre tus competidores.

Excusa 6:

Mi pareja no me lo permite

En alguna ocasión llamó una oyente a mi programa de radio para decirme que su jefe le había propuesto ser la gerente general de su departamento, lo que representaba más trabajo y responsabilidades, pero a la misma vez la satisfacción de haber escalado hasta esa prestigiosa posición. Sin embargo, ella iba a dejar pasar esta oferta.

—¿Por qué no vas a tomar esta gran oportunidad? —pregunté sorprendida.

—Mi marido no me deja —expresó con una voz de niña regañada.

—Y si tu marido no te deja ir al baño, ¿tú no vas? —le pregunté sarcásticamente.

—No María, lo que sucede es mi esposo está acostumbrado a

que le dedique mucho tiempo y dice que con este nuevo trabajo lo voy a ignorar, y anoche me dijo: "¡Tienes que escoger, el trabajo o nuestro matrimonio!" —confesó.

—Tu esposo es muy egoísta —dije casi molesta.

—Creo que me quiere demasiado —respondió ella.

—Un hombre que te da a escoger entre "tu matrimonio o cambiar tu forma de vestir", "tu matrimonio o seguir con tu mejor amiga", "tu matrimonio o perseguir tu sueño", no es alguien que te quiere demasiado, es más bien alguien que te quiere, pero ¡controlar, y manipular! —dije, queriendo espabilarla.

—María, tienes razón, voy a aceptar la oferta de la gerencia, y en cuanto cuelgue contigo le diré a mi marido: "Tu serás quien escoja... ¡una esposa a quien le encanta su trabajo, o renuncia a tener esposa!"

Si al igual que mi oyente tu pareja no te apoya para desarrollarte es porque en el fondo sufre baja autoestima y tiene miedo de que te superes y que tal vez lo dejes, o quizás sencillamente es un amargado que no le interesan las cosas que te hacen feliz, o es un egoísta que sólo piensa en él y en sus propias necesidades.

Un hombre "controlador", como el del caso anterior, frecuentemente hace comentarios que te hacen sentir inferior y llegas a creer que él tiene la razón. Además, para tenerte bajo su control, elogia tus talentos y te pone en las nubes, pero luego te humilla sacando a relucir tus errores. Por el contrario, si en algún momento eres tú la que le señalas alguno de sus errores, se enfurece tanto que te hace sentir culpable. Entonces, cuando se da cuenta que estás tan decepcionada que "vas a mandarlo a freír patatas", te pide perdón llorando y se arrepiente, pero al poco tiempo vuelve a hacer lo mismo y el círculo vicioso continúa.

El primer paso para detener a alguien que te quiere controlar es dejarle saber que conoces su juego y que no estás dispuesta a participar en él. Luego establece límites de su comportamiento, lo que vas y no a aceptar. Y por último exige un tiempo límite para que mejore su conducta y demuéstrale que no estás con miedo a tomar medidas extremas como una separación o quizás un divorcio.

Si al igual que mi oyente, tu excusa para no perseguir tu sueño es tu pareja, es hora de eliminar la excusa o la pareja.

Excusa 7: No tengo dinero

¿Sueles cenar en restaurantes con frecuencia?, ¿tienes glamorosas uñas acrílicas?, ¿cuántos pares de zapatos abarrotan tu closet?, ¿usas bótox para disimular las arrugas? **¡Por lo tanto, no me digas que no tienes dinero!**

Acaso no has notado que cada vez que gastas en algo relativamente innecesario, o cada vez que te dices: "**Es un pequeño lujo, pero creo que lo valgo**", de todas formas encuentras la manera de tener dinerito.

Yo me pregunto: ¿Qué pasaría si pensamos que eres una persona que no tiene recursos económicos, tampoco dinero ahorrado y vives cheque a cheque, pero de repente te enteras que padeces una enfermedad crónica y que te quedan escasas dos semanas de vida y que, por lo tanto, la única forma de salvarte es buscando una medicina en la selva amazónica que cuesta **¡diez mil dólares!** y eso no incluye los costos de viaje. ¿Dirías: "Lo siento, pero no tengo dinero, así que me tengo que morir"?... ¡Claro que no! Irías corriendo con tus familiares, amigos y hasta vecinos a pedirles prestado, limosnearías en las esquinas de las calles, venderías tus pertenencias, hasta te verías tentado a robar, en fin, harías todo lo que te fuera posible para conseguir esos diez mil dólares. De eso no me cabe la menor duda.

Esto quiere decir que tú tienes la capacidad de crear recursos. Claro que no estoy diciendo que vayas a robar, o que te pares en una esquina a extender la mano para pedir unas monedas, sino que todos tenemos la capacidad de crear dinero. Y es que el dinero puedes atraerlo usando tu mente y creatividad.

¿Dónde te situaste?

Luego de conocer las **siete** paralizantes excusas que nos impiden abandonar nuestra "zona de confort", te pregunto: ¿Con cuál excusa te identificaste más?

Cualquiera que sea tu pretexto favorito, éste representa subconscientemente un escudo que usas para no enfrentar el miedo a cambiar, o a tomar una decisión. No obstante, para demostrarte que tu excusa no es válida, te sugiero que pienses en ella. Por ejemplo, supongamos que hace años tu pareja te maltrata verbal, o físicamente y sabes bien que esta relación no te conviene, pero tu excusa para quedarte es: "No tengo dinero, sola no puedo mantenerme". Ahora supón que tu pretexto desapareció, en otras palabras, imagina que repentinamente aparecieron los medios para vivir sola. Te pregunto: ¿Qué harías? ¿Irías corriendo sin mirar atrás? o quizás en ese momento el miedo te hace sacar otro escudo y dices: "Voy a esperar un poco, ¡no es el mejor momento!"

Cada ocasión que le pido a las personas que hagan este ejercicio de desaparecer la excusa, la mayoría de las veces sacan otra más a relucir.

Éste fue el caso de Sonia, una estilista que conocí en uno de mis seminarios. Al finalizar el evento, se me acercó para decirme que en sus años de práctica ella había sido la "consejera" de sus clientes y disfrutaba inmensamente escuchar sus problemas, así como motivarlos a buscar soluciones. Según ella, se había dado cuenta que lo que realmente le apasionaba en esta vida era ser motivadora, por eso le dije:

—¿Vas a dejar los cortes de pelo para dedicarte a la motivación?

—¡Oh no! —respondió titubeando— "no estoy preparada", antes de introducirme en este campo, necesito más experiencia puesto que hay "mucha competencia".

—Pues te voy a ayudar a lograrlo —dije con una sonrisa— estoy dispuesta a entrenarte.

—María, no sabe cómo le agradezco su ofrecimiento —dijo emocionada—, el inconveniente es que mi niño está de vacaciones, así que en este momento "no tengo tiempo".

—No te preocupes, puedes traer al niño a mi oficina —reiteré.

—Qué amable eres María —dijo cariñosamente— pero casualmente, este mes están mis suegros de visita en la casa, "no es el mejor momento".

—Entonces, el mes que viene, luego que se vayan tus suegros comenzamos —dije, tratando de buscar una solución.

—María, el problema es que "no tengo el dinero" para pagar por este entrenamiento.

—Mijita, ¡yo no te voy a cobrar nada! —le aseguré— sólo quiero ayudarte.

—Muchas gracias por su generosidad —interrumpió—, pero tengo que confesarle que mi esposo es muy celoso, primero tengo que hablar con él, quizás "no me lo permita".

> ¡Es hora de eliminar la excusa!

—¡Mujer, éste es tu sueño! —le dije un tanto molesta— no puedes dejar que nada, ni nadie te detenga. Si él te quiere tiene que apoyarte. ¡Hoy mismo debes hablar con él! —dije casi imponiéndole una orden.

—María, me voy a sincerar con usted —dijo muy seriamente mirándome a los ojos—, quizás le di algunas excusas y me disculpo por ello —continuó— pero la realidad es que ya ¡estoy muy vieja!

Detén el círculo vicioso

Las excusas que antepones cuando se te presenta un posible cambio en cualquier ámbito de tu vida, son un círculo vicioso que te mantiene haciendo lo mismo y no te permite prosperar.

Curiosamente sucede que, a pesar de que encuentras soluciones reales para aceptar y hacer dicha modificación, de todas formas inconscientemente buscas otro pretexto. Esta rutina no te hace feliz, pero te sientes conforme con ella porque no te estás arriesgando a perder lo poco o mucho que hayas alcanzado hasta ese momento, y por lo menos te mantienes familiarizada con tu ambiente, aunque sigue habiendo algo en él que te incomoda.

En este momento, por ejemplo, con seguridad experimentas esa sensación de querer hacer alguna transformación en ti o en tus hábitos, o bien pretendes tomar esa decisión que has estado pensando durante mucho tiempo pero que todavía no te atreves, comenzando con dar el primer paso. Quieres inclusive correr riesgos, o iniciar diálogos que precisas tener con alguna persona clave en tu vida, pero no lo haces por el miedo a fracasar, por tu miedo al rechazo o "al qué dirán", por miedo a cometer un error garrafal; por miedo a sufrir, miedo a sentirte vulnerable, o hasta por tu miedo a triunfar.

¿Sabías que el 65% de las damas le tienen miedo al éxito mientras que sólo un 10% de los hombres le temen?

Esto se debe a que la mayoría de las mujeres piensan que al superarse profesionalmente descuidarán la familia y se sienten culpables. Entonces usan este pretexto: "¡No quiero más responsabilidades!"

Y por último, si eres de las que dice: "Mi problema es que tengo dudas si realmente eso es lo que quiero hacer, que tal si tomo el paso y después me arrepiento", Déjame informarte que "tengo dudas" ¡es otra excusa!; tú bien sabes que deseas hacerlo, pero el miedo te hace pensar que no estás segura de tu decisión. Y es que en verdad créeme que el miedo te hace pensar que no puedes triunfar, o que ni siquiera puedes mantenerte tú sola.

¿Qué es el miedo?

El miedo controla tu vida haciéndote creer que la única forma de cumplir tus sueños es por medio de la suerte, o por alguna afortunada equivocación que pudiera favorecerte, y en el peor de los casos has considerado hacer alguna "pequeña" trampa para poder sobresalir más que los demás.

Como consecuencia de esta inseguridad que provoca el miedo, has perdido la confianza en ti y ésta es la razón por la cual te apegas a personas y situaciones de las cuales, es mejor deshacerte. Cabe aclarar que cuando naciste viniste al mundo como el ser más valiente que había.

Además, al nacer, padecías únicamente dos temores:

1. El miedo a los ruidos fuertes. Es por eso que si se estornuda o aplaude al lado de un bebé, éste se estremecerá.

2. El otro miedo, es el de caer al vacío. Es por eso que cuando se lanza a un bebé hacia arriba, se queda sin aire y se tensa.

Aparte de estos dos temores naturales, el resto de tus miedos fueron aprendidos conforme creciste y con las experiencias de la vida.

En Internet puedes encontrar un listado de la A a la Z con más de 400 miedos, comenzando con Ablutofobia (miedo a tomar un baño), hasta terminar en Zoofobia (miedo a los animales).

Existen, por ejemplo, Peladofobia (miedo a las personas calvas), Eisoptrofobia (miedo a verse en un espejo), Claustrofobia (miedo a lugares cerrados), Acrofobia (miedo a las alturas), Aracnofobia (miedo a las arañas), Hemofobia (miedo a la sangre), Necrofobia (miedo a los cadáveres).

En la larga lista se enumeran también la Nictofobia (miedo a la oscuridad), Amaxofobia (miedo a conducir un vehículo), la Antropofobia (miedo a la gente o a la sociedad), Iatrofobia (miedo a los médicos) y la Hippopotomonstrosesquippedaliofobia (¡miedo a palabras largas!), para mencionar algunos ejemplos.

La interrogante aquí sería el poder determinar el porqué surgen tantos y tan diversos temores. Bueno, pues esto es muy simple, porque el miedo es un mecanismo de defensa, de supervivencia, que usa tu cuerpo para prevenirte de circunstancias peligrosas y alerta tus sentidos para buscar protegerte. Si tu mente cree que te encuentras en una situación amenazante, este mecanismo se activa automáticamente y te prepara para el escape. En ese momento tu adrenalina se dispara y tu cuerpo experimenta alteraciones fisiológicas, algunas de ellas son: sensación de intranquilidad y nerviosismo, sudor, estremecimientos, pupilas dilatadas o alaridos, incluso taquicardia por mencionar algunas.

Defensa ancestral

Hace miles de años, el hombre prehistórico se beneficiaba de los síntomas que causaba el miedo. En aquellos tiempos el hombre no conocía el fuego; si alguien lo atacaba en la oscuridad, sus pupilas dilatadas le permitían ver mejor. También la taquicardia bombeaba más sangre al cuerpo para tener mayor energía y poder correr o saltar una gran valla. Además, el sudor ponía la piel resbalosa y esto ayudaba a escabullirse de quien fuera a atraparlo.

El universo está creado de tal forma que todo tiene un propósito. Debes comprender que la función del miedo no es limitarte, sino más bien protegerte de lo que puede perjudicarte. Si este mecanismo de defensa no existiera en tu mente, la próxima vez que estuvieras acampando y te encontrarás con una serpiente venenosa, te arrimarías a ella sin ningún miedo, pero este sistema protector te detiene de hacer cosas que puedan lesionarte.

El problema es que nuestra mente interpreta cualquier situación desconocida como riesgosa y nos hace creer que hay peligro donde realmente no lo hay. Por ejemplo: Te aparece una mejor oportunidad de empleo y como tu mente desconoce el resultado de hacer este cambio, te pone en alerta diciéndote: "¡Cuidado, se acerca el peligro!", "¡te puede ir mal!", "¡creo que no te conviene!", "¡puedes fracasar!", **"¡no tienes experiencia!"**

> El universo está creado de tal forma que todo tiene un propósito.

Cuando el miedo te atrapa, no estás viviendo el presente. En ese momento te transportas al pasado acordándote de desilusiones, o fracasos que tuviste, haciéndote creer que esto puede repetirse nuevamente, o bien te trasladas al futuro y piensas en los problemas que van a suceder si te tomas ese riesgo.

Así le sucedió a una señora que se sentó a mi lado en un vuelo hacia New York. Todavía no despegábamos y ya tenía las uñas enterradas en las coderas de su asiento, usaba el cinturón de seguridad apretadísimo, no podía controlar su cara de angustia y, por si fuera poco, ¡del cuello le colgaba un rosario! Sentí lastima de verla tan intranquila, por eso, cálidamente, le pregunté:

—Señora, ¿le sucede algo?

—Es la primera vez que me subo a un avión —respondió un poco temblorosa.

—¿A quién va a visitar en la Gran Manzana? —pregunté, para cambiar el tema y distraer su nerviosismo.

—Voy a ver a mi hija, que está enferma —dijo, mientras se apretaba aún más el cinturón.

—No se preocupe, todo va a estar bien —expliqué, poniendo mi mano en su falda para darle aliento.

—¿Cómo está tan segura de que no habrá ningún problema? —preguntó asustada, pero antes que pudiera responderle encendieron las turbinas del avión y fue cuando "cundió el pánico". La pobre señora comenzó a temblar de tal forma, que si no fuera porque ya la había conocido ¡hubiera pensado que era un ataque epiléptico!

—¡Cálmese!, si no se tranquiliza la van a bajar del avión y no podrá ver a su hija —le advertí, tomándola del hombro y estremeciéndola un poco— señora, ¡ubíquese, en este momento estamos sanas y salvas, no hay razón para preocuparse, guarde su miedo para cuando haya peligro!

Mis palabras la hicieron reflexionar, en ese instante me miró, asintió con su cabeza y sorprendentemente empezó a calmarse. Esta dama indudablemente padecía de Aviofobia (miedo a volar en avión), su fobia la desligó del presente y la transportó a un futuro que ella percibía desastroso, pero realmente no lo era.

La mayoría de las situaciones que enfrentarás realmente no son amenazantes. Tú decides si quieres traer el miedo a cada experiencia.

Medita por un momento: ¿Consideras que estar parada al lado de un león es peligroso? ¡Por supuesto que sí!, seguramente estarías aterrada al hacerlo; sin embargo, para un domador de leones esto es una experiencia muy amena, la cual disfruta hacer. En otras palabras, cada situación en tu vida es más bien neutral, tus pensamientos son los que determinan si vas o no a sentir temor.

> La mayoría de las situaciones que enfrentarás realmente no son amenazantes. Tú decides si quieres traer el miedo a cada experiencia.

Enfrenta tus miedos

Entonces, ¿cómo vencer tus miedos para que puedas hacer los cambios necesarios que te permitan alcanzar tu potencial?

Lo primero que hay que hacer es entender que el miedo es parte de la naturaleza humana y siempre vivirá con nosotros; eso es algo que no podemos cambiar. Lo que sí podemos cambiar es la actitud hacia el mismo y la forma en que lo manejamos.

Una vez, luego de presentar un seminario, una dama se acercó y me dijo:

—María, la felicito, desearía ser como usted.

—¿A que te refieres?—le pregunté, queriendo investigar qué era lo que admiraba de mí.

—Soy una persona miedosa y tengo muchas inseguridades, quisiera ser una mujer sin miedos, como usted— dijo, mirándome a los ojos y apretándome la mano, como deseando contagiarse de mi valentía.

—Entonces, tú no deseas ser como yo —dije, insinuándole que ella estaba confundida.

—¿Cómo así? —exclamó perpleja.

—Yo soy igual que tú, tengo muchos miedos e inseguridades, la diferencia es que aun cuando las rodillas me tiemblan, no permito que mis miedos me detengan.

Muchas personas, al igual que esta señora, piensan que soy una mujer que no le teme a nada (¡Ya quisiera que eso fuera cierto!); sin embargo, cada vez que he tomado una decisión importante en mi vida personal y profesional, sufro los mismos miedos e inseguridades que cualquiera experimentaría en situaciones similares. No obstante, sigo adelante, pues la única forma de descubrir si alcanzaré mi meta es intentándolo, y para eso tengo que enfrentar mis miedos.

Uno de los retos más grandes y atemorizantes que he experimentado en la vida se me presentó hace años, cuando quise obtener el trabajo como seminarista para una compañía que ofrecía talleres de negociación mundialmente. Recordarás que anteriormente mencioné que tuve mi primera referencia de esta empresa mientras observaba, en un vuelo de Puerto Rico a Estados Unidos, un anuncio que publicaron en las revistas que colocan en los respaldos de los asientos de los aviones. Mi segundo contacto con esta compañía fue cuando, tiempo más tarde, leía un diario en el que nuevamente me encontré con un anuncio que finalmente me motivó a comunicarme con ellos. Debo confesar sinceramente que yo no cumplía con los requisitos necesarios para una posición de ese calibre; sin embargo era el trabajo que siempre había soñado y estaba dispuesta a hacer lo que fuera para conseguirlo. Luego de recortar el anuncio del periódico llamé a varias amistades para contarles de mi futuro trabajo como conferencista, aunque lógicamente nadie parecía tener fe en mí.

—Ivonne, ¡algo increíble me ha pasado! —dije emocionada— ¡oye esto!... ¡acabo de encontrar en un diario un anuncio donde leí el empleo perfecto para mí, es el trabajo de mis sueños, en el que podré hablar con el público y viajar por todo el mundo!

—¿Vas a ser aeromoza? —me preguntó sarcásticamente mi supuesta amiga.

> No permito que mis miedos me detengan.

Pero **"A palabras necias, oídos sordos",** dije en mi interior y continué:

—¡No! Se trata de una prestigiosa empresa en Beverly Hills que busca presentadores que puedan enseñar el arte de negociar a escala mundial.

—Tú ni siquiera sabes negociar —dijo, bromeando— cada vez que salimos y pido un descuento, me mandas a callar y suplicas que no te avergüence.

—Esto es diferente —aclaré— además, esta empresa se encargaría de entrenarme.

—María, no quiero desanimarte pero te voy a ser franca —dijo en tono seco— yo sé que te encanta hablarle al público, también al sacerdote de mi iglesia le gusta hacer lo mismo, ¡pero ni él ni tú están capacitados para este trabajo!

Sus palabras me cayeron como balde de agua fría y por unos instantes me quedé congelada, pero no iba a rendirme tan fácilmente. Esto, sin embargo, no me detuvo y, sin titubear llamé al número que aparecía en el anuncio, una secretaria respondió mi solicitud de entrevista y en ese momento anotó la cita para presentarme al tercer día posterior a mi llamada. ¿Imaginas la sensación que experimenté en aquel preciso instante?

De todas formas me gustaría subrayar que ¡me sentí victoriosa porque a partir de ese momento ya emprendía el camino hacia la cristalización de mis sueños!

Cinco minutos más tarde "me cayó el veinte" porque me di cuenta de lo que había hecho. Acababa de hacer una cita para obtener un empleo en cuyo desempeño yo no estaba calificada. "¿Qué me hace pensar que voy a conseguir este puesto? ¿A quién creo que engaño?" Decidí en aquel momento cancelar la cita, pero cuando llamé no pude hacerlo porque no tenía el coraje de decirles lo poco preparada que estaba para la posición. "Mejor no voy a llamar, el día de la entrevista sencillamente no voy. ¡Eso haré!"

Me acosté en el sofá con una bolsa de hielo en la cabeza mientras enumeraba todas las razones válidas por las cuales no debía ir a esa entrevista:

1. "No tengo experiencia en ese campo".
2. "Este trabajo es más bien para hombres".
3. "Es mucha responsabilidad y no podré manejar tantas exigencias".
4. "Hay mucha competencia, son escasas las probabilidades de conseguir esta posición".
5. "Este trabajo no me permitirá pasar tiempo con mi familia".
6. "Tendré que gastar mucho dinero en comprarme ropa adecuada para este empleo".
7. "Es mejor esperar... no es el mejor momento".

Pero a pesar de todas estas excusas había algo en mi interior que se resistía a dejar escapar dicha oportunidad, entonces reflexioné: "En realidad no estoy arriesgando tanto, lo peor que puede pasar es que me digan: Usted no está capacitada para hacer este trabajo, y si lo dicen... ¡no sería ninguna sorpresa, por lo tanto decidí presentarme a la cita!"

Transcurrieron los tres días y llegó la hora de la verdad. Me levanté muy temprano para arreglarme, quería asegurarme que no llegaría tarde. Me peiné, me vestí, me perfumé, me maquillé y, antes de salir, me paré frente a un espejo que quedaba al lado de la puerta de salida. Con la cabeza erguida, espalda derecha y los hombros hacia atrás, miré de arriba abajo y dije: "¿Cómo se te ocurre presentarte a esta entrevista? ¡¿Te has vuelto loca!?" En ese momento bajé la cabeza, encorvé los hombros, y mi espalda parecía El jorobado de Notre Dame.

Nuevamente me invadió ese conflicto interno: "To be or not to be", "Ser o no ser", "That´s the question", "Ésa es la pregunta", y lógicamente me sentí envuelta por un manojo de inseguridades.

De pronto, como si surgiera la parte negativa de mi doble interno y dominara el lado positivo, recordé el **compromiso** conmigo misma de obtener dicho empleo y la **disposición** de aprender lo que fuera necesario.

Así que recuperé nuevamente la confianza y manejé hasta Beverly Hills sin parar, con la motivación hasta las nubes, como cuando salimos del salón de belleza con nuevo "look" y pretendemos conquistar al mundo. Así, con esa firmeza y determinación, enfrenté el reto que tenía por delante.

¡Por fin llegó la hora!

Faltaban 15 minutos para la hora de mi cita, había llegado temprano, no quería cometer ningún error, cuidé hasta el más mínimo detalle, y cuando entré a las lujosas oficinas de esta empresa suspiré de alivio pues no había más nadie en la recepción. "¡Qué bueno!, al parecer soy la única", pensé.

La recepcionista me dijo que pasara a otro salón y al ingresar, cuando abrí la puerta, me encontré con la sorpresa de que allí había más de 40 personas, todos hombres, excepto otra chica y yo. Minutos más tarde entró un caballero a la habitación y nos explicó detalles acerca de la posición, repartió unos casetes, varios folletos y un cuaderno. Pero antes de despedirse explicó:

—Tienen que aprender este material y en dos semanas deben regresar para presentarlo a varios ejecutivos de esta empresa; si no pueden memorizar toda la información, por favor no se tomen la molestia de regresar —advirtió seriamente—. Algo más, olvidé mencionar que sólo estamos buscando a dos prospectos.

Las dos semanas posteriores a tan concisa entrevista, me desconecté del mundo; estudiaba desde las seis de la mañana hasta la medianoche. Escuché los casetes hasta aprenderme los suspiros de quien los grabó y pasaba largas horas frente al espejo practicando. Además, busqué información adicional en Internet y en bibliotecas. La noche anterior a mi presentación, me fui a la cama temprano, pero los nervios no me dejaron dormir.

Cuando sonó el reloj despertador, me volteé a mirar la hora y en el mismo instante en que presioné el botón para apagar la alarma, me dominaron una vez más mis inseguridades y decidí que no iría a la entrevista. Esta vez no era el miedo lo que me detenía, había otras razones más válidas. En esta ocasión lo que me aguantaba era el **¡pánico!, ¡terror!** y **¡pavor!** Hacer esta presentación en el arte de negociar no era necesariamente como salirme de mi zona de confort, más bien era como saltar de un avión sin paracaídas. Por eso decidí cubrirme la cabeza con las cobijas para no enfrentar esta situación, pero en ese mismo instante sonó el teléfono.

—Hola —dije, tratando de sonar enferma.

—¿Qué te sucede? —preguntó preocupada mi nueva mamá, quien se convirtió en mi ángel de la guarda tras el fallecimiento de mi madre biológica.

—Estoy enferma y no voy a ir a la entrevista —dije con la voz un poco llorosa.

—María, te conozco como si te hubiera parido —dijo con voz de sospecha—; tú no estás enferma, dime lo que te sucede.

—Creo que me metí a nadar en aguas muy profundas. Aunque he memorizado todo, realmente no me siento cómoda con el contenido, hay muchos conceptos que ni siquiera entiendo.

—¡Eso es absolutamente normal! —dijo con ánimo—, ¿acaso esperas ser una experta en algo que acabas de aprender? —preguntó retóricamente— María, cuando hay que tomar un riesgo, lo principal es tomar las medidas necesarias para instruirse lo mejor que uno pueda y eso precisamente es lo que tú has hecho. Sin embargo, aun con toda la preparación de este mundo, es lógico que te sientas insegura. Cuando llegas al punto en el que ya te has capacitado significativamente, así como lo has hecho tú, lo único que te queda para vencer el miedo, es la **fe**. Ahora te voy a preguntar lo siguiente: ¿me prometes que vas a tener fe?

—Te lo prometo —le aseguré, pero en ese momento se me hizo un nudo en la garganta y me brotaron las lágrimas. Me acordé de aquella ocasión, cuando tenía siete años, en que pude visitar por última vez a mi verdadera madre en el hospital. Ese día ella me solicitó casi lo mismo que me pedía ahora mi segunda mamá: "¿Me prometes que siempre vas a confiar en ti?"

Al escuchar prácticamente las mismas palabras, expresadas con la idéntica calidez con las que en su momento me las mencionó mi madre biológica, recuperé de inmediato las esperanzas, y aunque estaba atemorizada, **ahora mi fe era más grande que mi miedo**.

En cuanto regresé al lugar de la entrevista la mitad de mis miedos desaparecieron. De todas las personas que asistieron ahí hacía dos semanas, únicamente 15 regresaron para hacer la presentación. ¡Al parecer el resto eran unos buenos cobardes que se quedaron bajo las cobijas! Me sentí orgullosa de que yo no hubiera sido uno de ellos.

Cuando llegó mi turno de exponer, lo que llamaría mi primera auténtica conferencia de negociación, me levanté con mucho entusiasmo, reflejando que estaba deseosa de hacer mi presentación a estos tres ejecutivos. Por fuera era yo un roble, pero por dentro un manojo de nervios porque mi corazón latía aprisa, las manos me sudaban y me temblaban, probablemente también tenía las pupilas dilatadas ¡igual que el hombre prehistórico cuando se preparaba para el peligro! Sin embargo no demostré absolutamente ninguna inseguridad, ni nada que se le pareciera, fui capaz de disimular mi desconfianza detrás de una gran sonrisa y un lenguaje corporal, que mostraba una actitud muy segura.

> Ahora mi fe era más grande que mi miedo.

Estos tres individuos ni se inmutaron durante mi exposición y al finalizar me hicieron varias preguntas y muy cortésmente, uno de ellos dijo:

—Vamos a escoger cinco finalistas, los cuales tienen que regresar la próxima semana para hacer esta misma presentación al señor Mobus, presidente de la empresa. Mañana le llamaremos para dejarle saber si usted fue elegida entre ellos.

Al día siguiente recibí la noticia de que era yo una de las finalistas. "¡Ahora sí tengo una gran probabilidad de conseguir este empleo!", pensé emocionada. Deseaba llamar a mi amiga Ivonne para decirle que yo tenía más oportunidades de conseguir este trabajo que el sacerdote de su iglesia, pero decidí esperar.

A la semana siguiente regresé para exponer mi material nuevamente; esta vez, aunque estuve nerviosa, me sentí más confiada de mis talentos. El presidente fue mucho más amigable que los tres ejecutivos anteriores. Luego de dar mi charla, me hizo un largo interrogatorio y muchas de las preguntas sinceramente no me las esperaba.

—¿Cuál es tú peor defecto? —preguntó con una sonrisa.

—¿Defectos? ¡Ninguno! —dije jocosamente, tratando de ganar tiempo para pensar la respuesta—. Mi peor defecto es ser perfeccionista y extremadamente detallista, pero en algunos casos puede ser una virtud.

—Dime, ¿por qué debo contratarte? —cuestionó con un tono un poco exigente.

—Porque siempre daré más de lo que usted espera —expresé con seguridad.

—¿Qué metas tienes dentro de cinco años? —preguntó con curiosidad.

—Me encantaría ser experta en el "Arte de Negociar" —dije sonriendo.

—Me gustó esa respuesta —citó complacido— eres muy dinámica y buena presentadora, pero me preocupa que no tienes experiencia en este campo.

—Puedo aprender cualquier tema con rapidez, todos los trabajos que he tenido anteriormente, los he dominado perfectamente —expliqué con convicción.

—Lo tomaré en cuenta y mañana miércoles la llamaremos para dejarle saber si usted será escogida como seminarista para esta empresa —agregó atentamente el máximo ejecutivo de la compañía.

Dormirme aquella noche fue complicadísimo, miles de interrogantes circulaban en mi cabeza, la inseguridad se apoderaba de mí por momentos, y así transcurrieron las horas hasta que pude conciliar el sueño, arrullada ya en la madrugada por las sombras de un árbol que a la luz de la luna se proyectaban y mecían de un lado a otro en el interior de mi habitación.

Al día siguiente me senté al lado del teléfono para esperar la llamada y cada vez que sonaba el timbre, contestaba con un tono de voz muy alto y sofisticado: "¡Hola, es María!" Esperé con ansias oír noticias, pero no me llamaron en todo el día. Finalmente, a las 11:00 de la noche me fui a la cama decepcionada, pero conservando la esperanza de que quizás se comunicarían conmigo a la mañana siguiente.

Entonces, el jueves timbró el teléfono muy temprano: **"¡Hola, es María!"**

—¿Qué le pasó a tu voz? —preguntó Ivonne.

—¡Cuelga!, ¡estás ocupando mi línea, estoy esperando una llamada importante!, ¡no me llames hasta nuevo aviso! —vociferé, sin importarme si pensaba que estaba loca.

El teléfono no volvió a timbrar, sólo hubo una llamada de la compañía telefónica ofreciéndome un servicio de larga distancia y les dije lo mismo que a Ivonne; en pocas palabras los mandé a "freír buñuelos".

Más tarde llamé a la operadora para preguntarle si las líneas estaban descompuestas y me dijo que no había ningún problema. En varias ocasiones marqué desde mi celular a la casa para asegurarme que el teléfono funcionaba.

Esa noche me acosté extenuada y analicé la situación desde otra perspectiva. Reflexioné sobre el gran riesgo que había tomado. Después de todo, no permití que el miedo me detuviera, hice lo que me había propuesto y me sentía orgullosa de ello. Esta experiencia había sido una gran lección: "Seguramente hay mejores opciones para mí allá afuera". Entonces no me atormenté más y me fui a dormir tranquila.

El sábado en la mañana sonó el teléfono y todavía estaba profundamente dormida. Extendí mi brazo hacia afuera y torpemente comencé a tantear la mesa, hasta que encontré el receptor.

> En esta vida no hay nada imposible.

—Hola, quien quiera que sea, llame después... tengo mucho sueño —dije con voz carrasposa y somnolienta.

—¿Se encuentra Maria Marín? —preguntó en tono dudoso aquella voz— soy el señor Mobus.

—"¡Hola, es María!"—exclamé sobresaltada, mientras intentaba disimular la ronquera en mi voz.

—Bien María, quiero felicitarla: usted fue elegida para la posición de seminarista —dijo con gusto— ¿Podría empezar su entrenamiento la próxima semana?

—Déjeme verificar como está mi agenda —dije amablemente y presioné el botón silenciador del teléfono.

En ese momento brinqué de la cama y como loca empecé a dar saltos mientras decía "¡Yes!", "!Yes!", "Yes!"; Sí, Sí, Síiiiiiiiiiii!!!!!!!, la emoción me hizo bailar sin música y el regocijo era mi melodía. Entonces recordé que tenía que calmarme un poco porque tenía al señor Mobus en la línea.

—Mi calendario está abierto, puedo comenzar el lunes —dije tranquilamente con el pecho inflado y una enorme sonrisa—. ¿A qué hora me necesita?

—A las 8:00 de la mañana —dijo.

—¡Ahí estaré! —confirmé con tono seguro.

A partir de aquel lunes, posterior a la llamada de Mobus, mi vida profesional se transformó: había dado el primer gran paso trascendente, estaba construyendo cimientos sólidos para afrontar cualquier desafío que se me presentara, pero lo más importante es que había descubierto que **en esta vida no hay nada imposible**.

Vinieron mis primeros seminarios, que por supuesto representaron para mí un reto colosal, aunque no puedo negar que cometí varios errores en mi fase inicial en la empresa y hasta llegué a dudar de mis talentos. Pero luego de todos esos obstáculos que tuve que superar para llegar hasta este sitio, sabía ya cómo disipar aquellas dudas, cómo canalizar a mi favor los temores, así que no me rendí.

Paulatinamente me desarrollé con mayor seguridad en este campo hasta que un buen día, con aquella confianza adquirida de los numerosos cursos que impartí por diversas partes del mundo, con la retroalimentación que recibía de los asistentes a los seminarios y con la constante investigación que realizaba para preparar mejor mis intervenciones, se cumplió uno de mis deseos más grandes. Aquella meta que me tracé para ser experta en el "Arte de Negociar" la había alcanzado, pero este logro trascendió más allá porque me convertí en la única mujer latina que enseñaba cursos de negociación a escala mundial.

Lógicamente, el tiempo que trabajé para esta compañía elevó mi autoestima e incrementó mi seguridad. Me sentí capaz de enfrentar retos más grandes y atemorizantes; en consecuencia mis horizontes se expandieron y más tarde pude partir de esta empresa para independizarme, enfocándome en el trabajo que hago hoy día, dedicado justamente a la mujer.

Asumir el riesgo de querer volar por mis propios medios me trajo lecciones de vida invaluables, enseñanzas que me mostraron el camino para apreciar la vida de otra forma y me transformaron en una persona más fuerte, más segura, pero sobre todo más sencilla.

Aprendí que los grandes valores de la vida no deben estar enfocados hacia las cosas materiales que obtengas, sino a disfrutar la superación de los enormes retos que tengas por delante, a descubrir la forma más audaz de imponerte a tus temores y a reunir el valor suficiente para superar tus obstáculos por más difíciles que éstos sean.

Por eso quise compartir contigo mis **Siete lecciones de vida**, las cuales relaté en este capítulo, y que ahora vale la pena poner en retrospectiva para que las consideres cada vez que necesites encontrar la fórmula para dar ese primer gran paso:

> Aprendí que los grandes valores de la vida no deben estar enfocados hacia las cosas materiales que obtengas, sino a disfrutar la superación de los enormes retos que tengas por delante, a descubrir la forma más audaz de imponerte a tus temores y a reunir el valor suficiente para superar tus obstáculos por más difíciles que éstos sean.

1) Me di cuenta que si espero a que mis miedos desaparezcan para entonces llenarme de valor y tomar un paso, me quedaré esperando para siempre y nunca lo haré.

2) Entendí que cuando el temor me acapara es porque estoy pensando en el pasado o el futuro, pero en ese momento tengo que centralizarme haciendo la siguiente pregunta: ¿En este preciso momento estoy en peligro? Esta interrogante me regresará al presente.

3) Comprendí que en vez de enfocarme en todo lo malo que puede pasarme si tomo un riesgo, tengo que hacer una extensa lista de los muchos beneficios que voy a recibir si lo hago.

4) Analicé que mis inseguridades sólo indican que estoy saliéndome de mi zona de confort y que estoy entrando en territorio **desconocido**, el cual poco a poco se convertirá en familiar y conocido.

5) Aprendí que mientras más grandes sean mis sueños, más grandes serán mis miedos y más grandes serán mis triunfos.

6) Percibí que cuando tengo un ardiente deseo de triunfar ¡**las excusas desaparecen!**

7) Y descubrí que el mejor antídoto para el miedo es la **fe**.

El día que estés dispuesta a entablar una conversación con el miedo, te darás cuenta que todo lo que trata de decirte es: **"Prepárate, hay un sueño que busca cristalizarse y necesita tu ayuda".**

> "Prepárate, hay un sueño que busca cristalizarse y necesita tu ayuda".

Ejercicio: 1) Completa el siguiente cuadro:

Excusas	Escribe un ejemplo de cuando en tu vida haz usado cada una de las excusas que aparecen al lado izquierdo.
a) No es el mejor momento.	
b) No tengo suficiente experiencia.	
c) No tengo dinero.	
d) Estoy muy vieja (Es muy tarde).	
e) Existe mucha competencia.	
f) No tengo el tiempo.	
g) Mi marido no me deja.	

| h) Otras: _____ | _____
_____
_____ |

2) Describe el área de tu vida que desearías transformar. Por ejemplo: arreglar la relación con tu pareja, poder emplear tus talentos, dejar una adicción, cuidar tu cuerpo, etc...

_____
_____
_____

3) ¿Qué excusa u objeción te has puesto para no tomar medidas en los asuntos que escribiste en la pregunta anterior?

_____
_____
_____

4) ¿Suponiendo que esta excusa desaparece, estarías dispuesta a tomar medidas o tomar una decisión en los próximos 15 minutos? Si no estas dispuesta, explica el porqué.

_____
_____
_____

5) Realiza una lista de todos los beneficios que puedes obtener si tomas ese riesgo.

a)_____
b)_____
c)_____
d)_____

e)_____

f)_____

g)_____

6) Realiza una lista de los beneficios que obtienes al **no** tomar el riesgo.

a)_____

b)_____

c)_____

d)_____

e)_____

f)_____

g)_____

7) ¿Qué tendría que suceder para atreverte a tomar ese riesgo?

_____

_____

_____

Haz que tu
fe venza a tus
miedos.

3

El secreto
de una mujer segura

En los años que he dedicado al análisis del comportamiento humano he descubierto que no existen personas que sean completamente inseguras en todos los ámbitos, ya que cada individuo tiene habilidades que domina a la perfección; sin embargo, siempre contamos con un "lado flaco", una parte de la que "cojeamos", es decir, algo que nos hace sentir inseguros en alguna faceta. Por eso inventamos excusas. Por ejemplo, hay quienes son expertos para ahorrar y manejar el dinero, pero a la hora de relacionarse con otras personas son incapaces para abrirse al amor porque se sienten simplemente incompetentes, entonces su refugio generalmente es el trabajo y es ahí donde vierten toda su capacidad y se vuelven expertos. Por otro lado, están los que dominan su apariencia física, comen saludablemente, hacen ejercicio todos los días y poseen un cuerpo escultural, pero en el terreno laboral suelen sentirse inútiles, son incapaces de dirigir a un grupo de personas, o de darle seguimiento a proyectos de envergadura, incluso no pueden conservar un empleo ¡ni siquiera por más de un mes!

Mi objetivo en este capítulo es ayudarte a incrementar tu grado de seguridad y reforzar aquellas áreas de tu vida donde sientas que no tienes control. Las finanzas, la salud, la profesión y las relaciones personales son los campos en que la mayoría de las personas tienen su "lado flaco".

Independientemente de cuan exitosa, adinerada y hermosa puedas ser, siempre habrá espacio para sentirte más segura de ti misma. Como siempre he dicho: **"La seguridad es como el dinero, mientras más tengas ¡mejor te ves!"**

¿Qué dices con tu cuerpo?

Muchos creen que para sentirse seguros deben depender únicamente de su capacidad intelectual y olvidan que la seguridad es una combinación tanto mental como corporal. Tu personalidad se revela mediante tus gestos, expresiones faciales y postura, no sólo por medio de tus palabras. Tu lenguaje corporal puede hablar más de ti que tus palabras o tu silencio.

Si piensas que para causar una buena impresión es importante hablar con soltura y articuladamente, estás equivocada. Hay investigaciones que muestran que cuando conoces a alguien y entablas una conversación, bien sea una entrevista de trabajo o una cita amorosa, afectas a la otra persona por tres medios: 1) lenguaje corporal, 2) tono de voz y 3) palabras. Lo sorprendente de estos estudios es que tus palabras impresionan a la otra persona únicamente un 7%, mientras que tu tono de voz lo hace en un 38% y tu lenguaje corporal influye el ¡55%!

Tu lenguaje **no verbal** abarca el 93% del mensaje que emites. Es decir, tu manera de vestir, tu peinado, los accesorios que utilizas, la forma en que te maquillas y el perfume que usas son formas de comunicación poderosas. La manera como manejas tu cuerpo también transmite un mensaje. Por ejemplo, el contacto visual, aclarar tu garganta, rascarte la nariz, cruzar tus piernas o brazos, taconear o la velocidad con la que caminas, influye en la forma en que otros te perciben y la manera como te tratan.

A continuación, voy a describir un lenguaje corporal que te hará proyectarte con una seguridad apabullante, y aunque seas una persona insegura, siguiendo estos cinco pasos lucirás con audacia y firmeza.

> Tu lenguaje corporal puede hablar más de ti que tus palabras o tu silencio.

Paso 1) Espalda derecha: Camina con el dorso derecho y los hombros hacia atrás. Una espina dorsal recta envía el mensaje de que eres valiente y poderoso, por eso, los militares siempre hacen su saludo muy derechitos.

¿Te imaginas a un soldado saludando con la espalda encorvada y los hombros caídos? Denotaría debilidad y cobardía. ¿Quién tendría miedo de enfrentarlo? Piensa por un momento en los héroes como Superman y la Mujer Maravilla, tan sólo su postura envía un mensaje de poderío.

Te propongo intentar lo siguiente: Baja la cabeza, encoge tus hombros y arquea tu espalda, entonces observa cómo te sientes, ¿llena de seguridad?, ¡claro que no!, puesto que ése es el lenguaje corporal de una persona insegura o deprimida.

Ahora, sugiero que hagas algo diferente: Endereza la espalda, echa los hombros hacia atrás y súbelos, sume el estómago, infla el pecho, sube la cabeza y mira hacia el frente: ¿Te sientes poderosa?, ¡indudablemente esta nueva posición te hizo sentir más fuerte y segura de ti misma!

Paso 2) Acércate: Cuando conozcas a alguien, inclínate hacia la persona. Esto demuestra que tu energía se expande hacia ella. Quizás pienses que es un poco agresivo, pero es mejor ser afirmativa que defensiva o tímida. Según las reglas de etiqueta, debes guardar un espacio de dos pies de distancia (aproximadamente 60 centímetros) o el largo de tu brazo extendido, entre tú y otro individuo. No obstante, yo no sigo esa regla, pues pienso que en ese trayecto tan largo cabe un enorme bloque de hielo que no me deja sentir el calor del ser humano con el que estoy hablando.

Tampoco estoy diciendo que te acerques tanto que vayas a invadir el espacio de otros. Mi sugerencia es que no tengas miedo de aproximarte y enviar un mensaje de disposición y amistad. Al cabo que si te arrimas demasiado, te darás cuenta rápidamente porque la otra persona comenzará a inclinarse hacia atrás, alertándote de tu intensa proximidad.

Paso 3) Establece un contacto visual: Cuando esquivas la vista emites la señal de que estás ocultando algo. Mientras que al fijar tu mirada, envías el mensaje de que no tienes miedo, eres leal y se puede confiar en ti.

Si tienes algún temor para hacer contacto visual no importa, ¡inténtalo! Quizás te sientas incómoda al principio. En este caso lo que debes hacer es mantener tu vista en la parte superior de la cara del otro individuo. En otras palabras, mira las cejas, después la frente, luego los ojos, posteriormente la nariz y vuelve nuevamente a los ojos. Enfoca tu mirada en los alrededores de los ojos de la persona con quien estás interactuando.

Todo el mundo quiere sentirse importante y la forma más genuina de darle a entender a alguien que es valioso para ti, es mirarlo fijamente a los ojos. De ninguna manera se te ocurra mirar al suelo, a los lados, ¡y mucho menos hacia arriba!

En mis años como conferencista, he tenido la virtud de siempre poder conectarme profundamente con mi audiencia. Por eso muchas personas que aspiran a ser oradores como yo, me han preguntado: ¿Cuál es tu secreto para ganarte al público y hacer una presentación exitosa? Y siempre doy tres respuestas:

1) Hacer contacto visual con tu audiencia.
2) Hacer contacto visual con tu audiencia.
3) Hacer contacto visual con tu audiencia.

Quien aplica estas reglas en un escenario y fuera de él, sin duda que será bendecido con mucha popularidad.

Paso 4) Un saludo de mano firme: Esto no significa que cuando conozcas a alguien vayas a exprimirle la mano, pero asegúrate de presionarla con firmeza.

Hay personas introvertidas que cometen el error de extender su mano con la misma firmeza de un fetuccini hervido y dejan que otro sea quien tome la iniciativa del apretón. Todos tenemos un ritmo interior y una oportunidad para compartirlo es con un saludo de mano.

Quizás eres una persona encantadora e inteligente pero un primer contacto equivocado puede enviar el mensaje de que eres tímida, insegura y poco amigable. Por ejemplo: dar la mano con solidez deja saber que eres segura y amistosa. Y si lo haces mirando a los ojos, puedes causar una impresión maravillosa.

Pero ten cuidado, **a la tierra que fueres haz lo que vieres**, es decir, considera que no en todas las culturas las costumbres son las mismas; por ejemplo, en Japón el contacto físico al saludarse no es bien visto: allá nunca se toma la mano de una persona para saludarla, por lo tanto inclinarse hacia delante y bajar la cabeza, poniendo las manos juntas, es la forma adecuada para expresar un saludo afectuoso. Por otro lado, en algunas culturas del medio oriente es muy común entre dos caballeros, que no tienen ningún parentesco, saludarse de beso en la mejilla, algo que en la cultura hispana ¡crearía un gran chisme!

Paso 5) Sonríe: Éste es el paso más importante para demostrar que eres una mujer segura. Aunque no siguieras los cuatro pasos anteriores, pero aplicaras éste, harías una enorme diferencia en tu vida.

Hay estudios que confirman que los individuos sonrientes son más saludables, viven más tiempo y atraen a más personas. Una sonrisa invita a que otros se acerquen a ti. Los expertos confirman que los que son seguros de sí mismos sonríen más que los inseguros.

Al sonreír, no sólo lucirás más confiada, sino que irremediablemente te verás hechizante. Si no me crees, te reto a que hoy mismo te dediques a estudiar escrupulosamente a todas las damas que muestren una sonrisa. Obsérvalas en la televisión, las revistas, en el trabajo o en la calle. Te aseguro que después de observar detenidamente a esas sonrientes féminas, no podrás encontrar a ni siquiera una mujer "fea". Como decía mi tía, **los ojos son la ventana de tu alma y la sonrisa es la puerta de tu corazón**. Una sonrisa "fea" ¡no existe!, sería como decir "una golosina salada" o "la oscuridad del día".

Quiero preguntarte: ¿Por qué no sonríes con más frecuencia? ¿Acaso tienes miedo de que tu sonrisa no sea recíproca? ¡Eso no sucede!... las probabilidades de que alguien no sonría son muy remotas.

Una sonrisa es un reflejo que incita a otro ser humano a imitar la misma acción. ¿Acaso no te has dado cuenta que cada vez que alguien te sonríe, instintivamente quieres sonreír? Sucede como el bostezo; si alguien bosteza, automáticamente genera en ti la necesidad de bostezar y lo haces aunque no quieras.

¿Alguna vez has caminado por la calle y de repente alguien te sorprende con una gran sonrisa sin razón? Entonces le regresas una sonrisa insegura, pero luego dices:

"¡Que persona tan agradable, debí mostrarle una sonrisa más grande!" No reserves tu sonrisa solamente a quien pienses que te la devolverá; toda oportunidad es buena. Tu incentivo para sonreír debe ser sencillamente querer verte bella, encantadora y segura de ti misma.

Recuerdo una vez que fui con mi hermana a almorzar. Cuando llegamos al restaurante, tuvimos que esperar unos minutos en lo que el camarero nos encaminara hasta la mesa y mientras nos sentábamos, noté que dos hombres sentados en la mesa frente a la nuestra fijaron su vista en mi.

—¿Te diste cuenta del vistazo que me echaron? —dije a mi hermana sin ninguna humildad.

—¿De quien hablas? —preguntó ella mirando a su alrededor.

—¡Cuidado... disimula! —Exclamé histérica, en voz muy baja—, ¡se van a dar cuenta!

—¿Te refieres a los dos caballeros que están sentados detrás de mí? —cuestionó.

—Esos mismos —dije presumidamente mientras les devolvía una tímida y coqueta sonrisa.

—¡Tonta!...están mirando a la mujer que esta sentada detrás de ti —dijo carcajeándose.

Me sentí ilusa y avergonzada, pero curiosa decidí empolvarme la nariz para ver si podía captar a esta chica por el espejo de mi estuche de polvo compacto.

Y bueno, yo esperaba ver una mujer guapa y llamativa; sin embargo, vi una mujer que "ni fu, ni fa" ¡pero que exhibía una hermosa sonrisa! ¿Qué tenía esa mujer que había robado la mirada de aquellos hombres? Ella se notaba confiada de sí misma, precisamente esa seguridad que proyectaba es lo que la hacía verse tan atractiva. Definitivamente, quien se siente bien consigo misma lucirá encantadora.

¿Sabes cuál es el problema de belleza número uno de la mujer? La mayoría piensa que es el sobrepeso, o las espinillas, sin embargo, el problema más grande es la falta de seguridad en una misma. No hay crema, maquillaje o dieta que pueda hacerte ver atractiva si te sientes insegura. Como dice el famoso refrán: **"La suerte de la fea, la bonita la desea"**.

Es importante que estés consciente de cómo tus emociones influyen en la manera en cómo te proyectas, y viceversa: ¡la manera como te proyectas influye en tus emociones! Te propongo sacarle jugo a esa pose de tu cuerpo que te hace sentir bien contigo misma y cultívala.

¿Qué es seguridad?

Quizás no estás acostumbrada a aplicar los pasos explicados anteriormente. Al principio tendrás que pensar antes de ponerlos en acción, pero mientras más los practiques, más te acostumbrarás. Aunque tu lenguaje corporal ayudará a proyectarte con más seguridad, ¡la verdadera seguridad viene de adentro!

Durante una encuesta que realicé a más de 500 mujeres les pregunté: ¿Te consideras una mujer segura? Y resultó que dos de cada tres damas me confesaron que se sentían inseguras. Este estudio demostró que casi el 70% de las mujeres experimentan algún tipo de inseguridad. Y de las que manifestaron sentirse seguras, la mayoría dijo sentirlo cuando desempeñaban algo que sabían hacer bien o realizaban actividades en las cuales tenían experiencia.

Una de las entrevistadas fue Janet, abogada de voz firme e ideas claras, que a la fecha proyecta una seguridad arrolladora. Ella es fuerte testimonio de una "mujer sin límite" en el campo profesional. Sin embargo, en su vida amorosa es cohibida, insegura y teme expresar sus sentimientos. Al no sentirse confiada en el amor, enfoca todas sus energías en su carrera, donde se siente muy segura. Ciertamente, al igual que Janet, eres segura cuando efectúas una actividad que estás acostumbrada a realizar porque sabes que puedes desempeñarla con propiedad. Por ejemplo, si en tu trabajo tienes la seguridad de ser tremenda vendedora y puedes hablar con tus clientes, explicar bien el producto y convencerlos de que te lo compren, entonces ¡como vendedora te sientes muy segura! O tal vez tienes la confianza de que eres una buena madre, porque puedes dar todo el amor que tus hijos necesitan, sabes educarlos bien y hacer que se sientan protegidos, por lo tanto, ¡como madre te sientes muy segura!

De hecho, puedo apostar que existe algún área de tu vida en la cual la seguridad no te falta; por ejemplo, puedes ser una experta decorando, cocinando, bailando o incluso haciendo el amor.

Con esto quiero hacerte comprender que alguna virtud debes tener y ésa la dominas a las mil maravillas, como en las siguientes declaraciones: "Sofia es **buenísima** para bailar, Angie es **buenísima** para preparar cenas y Gloria dice que es **buenísima** amante".

El problema de basar tu seguridad únicamente en los campos que dominas, léase sólo en donde eres **buenísima**, es que estarás limitada cuando tengas que enfrentar situaciones en las que no tienes experiencia y no te resultan familiares, como buscar un nuevo trabajo, aprender otro idioma o conocer un nuevo amor. En pocas palabras cuando dices: "Es que para eso soy **malísima**".

Entonces: ¿Cómo confiar en ti cuando te encuentras en territorio desconocido? ¿Como recobrar la seguridad que algún día poseías? Cuando naciste, viniste al mundo sin ninguna inseguridad, pero en tanto vas creciendo pasas por experiencias que van desvaneciendo tu seguridad. Quizás la perdiste a causa de un desengaño, un fracaso o una frustración. O tal vez padeciste una enfermedad, sufriste un accidente o tal vez perdiste a alguien o algo.

Seguridad y compromiso

Hay tres palabras que te ayudarán a establecer un nuevo camino hacia tu propia confianza: **deseo, disposición y compromiso.**

Hay quienes piensan que una mujer segura es la que tiene la habilidad de hacer algo muy bien y en un área que desconoce no tiene miedo para actuar. Pero la verdadera seguridad no tiene nada que ver con lo que puedes o no hacer bien, ni con los logros que puedas alcanzar. Tampoco se relaciona con las situaciones externas de tu vida.

Seguridad es una forma de pensar, una actitud y un sentimiento que genera un sistema de creencias, donde no importa el reto que enfrentes, tú confías en que puedes manejarlo y para ello estás dispuesta a preguntar, a investigar, a pedir apoyo, a leer un libro, a tomar una clase, a dedicar el tiempo, a consagrarte y a hacer todo lo necesario para conseguir lo que deseas.

En este momento que lees mis palabras, seguramente tienes el **deseo** de tomar una decisión o hacer un cambio en tu vida que llevas posponiendo. El sólo hecho de tener el **deseo** significa que ya estás en la ruta que te conduce a tu meta.

Y la **disposición** a intentar, te da el impulso para comenzar. La razón por la que no has estado dispuesta a actuar es porque te refugiaste en tus excusas, como ya lo analizamos en el capítulo anterior.

Por lo tanto, lo que incrementará tu nivel de seguridad es hacer un **compromiso** y tomar medidas que te encaminen a tu meta.

El problema es que estás esperando a sentirte segura para ponerte en marcha. ¿Pero sabes qué?, trabaja de la forma opuesta, primero da el paso y por ende la seguridad que tanto anhelas empieza a llegar.

Esperar, esperar y esperar ¡no te va dar más seguridad!, de hecho, mientras más esperes para lanzarte, más insegura te vas a sentir, y menos deseos tendrás de hacerlo. Lo único que elevará tu confianza es **¡actuar!**

Insisto en esto por que conozco a muchas mujeres que saben lo que desean, pero están esperando a tener la certeza de poder lograrlo para entonces empezar. Esto lo ilustra Marta, una joven que me llamó a mi programa de radio:

—Tengo el deseo de abrir mi propio restaurante —dijo emocionada.

—¿Qué esperas para comenzar? —le pregunté.

—Imagínate, tengo que conseguir el dinero, el local, las recetas y patentar el nombre del negocio... ¡son muchas cosas! —expresó confundida—, María, lo que pasa es que me siento insegura y no sé por donde empezar —confesó compungida.

—Pero Marta, **¡Quieres quitarte los zapatos antes de llegar al río!** Si esperas a tener el lugar, el dinero, los clientes, el letrero y los tomates picados para abrir tu restaurante, ¡tus nietos serán los meseros! —dije jocosamente—. A ti lo que te falta es **comprometerte**, eso te hará superar el miedo!

Al igual que Marta, tal vez tienes claro tu deseo, que puede ser emprender tu propio negocio, bajar de peso, dejar un mal hábito, volver a la escuela, cambiar de empleo o quizás dejar una relación que no te conviene.

Pero cuando te enfocas en el logro final, te das cuenta de todo lo que implica y es cuando la inseguridad se prende como una luz roja que te detiene. Entonces te cuestionas: ¿Podré atravesar ese largo trecho? ¿Tendré la fuerza y persistencia para continuar? ¿Podré superar los obstáculos que puedan aparecer? ¿Tendré el impulso para llegar al final? Estas preguntas te hacen dudar y te olvidas de que no debes basar tu seguridad en si puedes llegar al final del recorrido, sino que tienes que basarla en que ¡puedes comenzar ese camino!

El sendero inicia con el primer paso, el cual no tiene que ser enorme y abrumante; un pequeño avance te motivará a tener el impulso para dar el siguiente paso. Te aseguro que cada **acción** que tomes hacia tu meta incrementará tu fe y tu seguridad.

Marta se dio cuenta que embarcarse en su cometido era tan sencillo como escoger el nombre de su negocio; esto sería el impulso para diseñar el menú y por consiguiente, le daría la seguridad para continuar la travesía.

La clave para subirte a bordo y emprender el viaje hacia tu sueño es hacer un **compromiso**. Porque cuando empiezan a llegar los obstáculos que te pueden sacar de tu sendero, el compromiso te mantiene, no deja que te rindas y te hace llegar a la meta. Así que todo lo que necesitas es decir: ¡me comprometo, lo voy a hacer!

¡Me comprometo, lo voy a hacer!

Estas fueron las palabras que dije el día que decidí dedicar mi carrera a la superación personal de la mujer: ¡Me comprometo, lo voy a hacer!

Hasta ese momento, mi experiencia consistía en enseñar el arte de la negociación en el mundo corporativo y aunque me fascinaba mi trabajo como oradora, había un deseo inmenso de hacer una labor más profunda en que pudiera inspirar a las mujeres a ver el potencial escondido en ellas.

Un día, luego de una charla de negociación que hice en Puerto Rico, se me acercaron las únicas dos damas de una audiencia donde la mayoría eran hombres.

—Nos gustaría hacer lo que usted hace pero nos parece imposible enseñar en este mundo de empresarios —expresaron.

—¡¿Quién dijo que no pueden!? —pregunté en tono retador.

—Ustedes están más preparadas de lo que yo estaba. ¡Por lo menos ya tomaron este curso de negociación! —aseguré con euforia.

Les conté que cuando yo empecé no tenía ninguna experiencia, pero el deseo, la disposición y el compromiso de ser oradora, fueron lo que me permitió hacer lo que ellas pensaban que era imposible lograr.

Esa misma noche, le expresé a mi mamá, cuánto me gustaría poder motivar a las mujeres, pero le confesé mis inseguridades:

—No tengo idea de cómo comenzar... yo sólo tengo experiencia enseñando a negociar —dije dubitativa.

—Primero haz el compromiso... y luego descubres cómo lograrlo —dijo con firmeza.

Luego de entender sus sabias palabras, exclamé en voz alta: **"Me comprometo... ¡Lo voy a hacer!".**

Dos días después de tomar este reto, inesperadamente en un vuelo de Puerto Rico a Los Ángeles, me senté junto a la directora de programación de una reconocida estación de radio hispana. Ella me preguntó en qué trabajaba y cuando le dije del nuevo entorno de mi carrera, me pidió el teléfono porque le interesaba que yo diera una conferencia para las mujeres que pertenecían a una organización que su emisora auspiciaba.

Sonreí y acepté, pero rápidamente pensé: "¡Esta mujer esta loca... si supiera que hace tan sólo dos días decidí esto... aún no estoy preparada!" Por eso, en cuanto llegué a mi casa, le conté el episodio a mi marido y le dije: "Cuando esa señora llame, tú le dices: ¡María desapareció! Se fue a China a dar una conferencia y le va a tomar mucho tiempo aprender el idioma".

Mi esposo me recordó "mi compromiso"... y aunque estaba aterrorizada, decidí hacerlo. Leí cuanto libro de superación personal encontré en la biblioteca, estudié largas horas y me preparé lo mejor que pude. Dos meses más tarde presenté la primera charla dedicada a la mujer. ¡Y así comencé esta nueva aventura!

No me cabe duda de que si no me hubiera comprometido, hoy no estarías leyendo este libro; tampoco sería columnista para los diarios de habla hispana, ni conduciría mi programa de radio dedicado a mis hermanas latinas.

Cuando haces un compromiso, y lo repites con fe en voz alta, algo mágico sucede. Dios y el Universo te escuchan y se confabulan para ayudarte a alcanzar lo que deseas.

De repente llegan a tu vida personas, objetos y oportunidades inesperadas que no hubieran surgido si no te hubieras comprometido. Algunos le llaman a estas situaciones: "casualidades", pero yo le llamo a este fenómeno: "La magia del compromiso". Esta magia comenzó a sucederme únicamente dos días posteriores a haber hecho mi compromiso. No fue casualidad que se sentara a mi lado en el avión esa dama que me puso en bandeja de plata la primera oportunidad de compartir mi mensaje con las mujeres.

Haz tu propio compromiso y cuando lleguen oportunidades que te ayuden a conseguir tu sueño, aunque tengas miedo, acepta el reto como lo hice yo.

Recuerda que una mujer segura es la que dice: "No sé cómo hacerlo y siento miedo… pero tengo **el deseo**, **la disposición y el compromiso** de dar el primer paso para alcanzar mi sueño".

Ponte en primer lugar

Una vez que te comprometes es obligatorio hacer algo más: **¡aprender a ponerte en primer lugar!** Si no lo haces será muy difícil lograr tus metas

Esto es un reto para todas las mujeres porque crecemos pensando que para ser una buena mujer debemos sacrificarnos por los demás. Y si pones tus necesidades en primer lugar te consideran una egoísta y eres una mala madre, mala esposa o mala hija.

He logrado muchas metas personales y profesionales, porque he puesto mis prioridades en orden. La persona más importante en mi lista soy yo. Anteriormente me hubiera sentido culpable de confesarte que mis necesidades vienen primero que las de otros. Pero me he dado cuenta que para dar lo mejor de mí en mi carrera, y con mi familia, es esencial ponerme en primer lugar sin sentirme culpable. ¡Y tú debes hacer lo mismo!

Aprovecho para preguntarte: ¿Pones las prioridades de los demás antes que las tuyas? ¿Estás viviendo para complacer a otros? ¿Inviertes una gran parte de tu tiempo cumpliendo con necesidades ajenas?

Quizá por eso pusiste a un lado tus anhelos y te has dedicado a cumplir con responsabilidades que supuestamente son "más importantes" que tus sueños. Como las necesidades de tu pareja, hijos, mamá, suegra, amiga, mascota y trabajo, para mencionar algunas.

Este concepto de ser "cuidadoras" viene desde tiempos ancestrales, cuando la mujer estaba encargada de atender la morada y las crías, mientras que al hombre le tocaba ser expedicionario y salir a cazar para traer la comida. Aunque han pasado miles de años, no es mucho lo que ha cambiado con relación a estas costumbres. A mí me criaron con la mentalidad de que a las damas les tocaba el trabajo del hogar, cuidar de los niños y atender al esposo. Mientras que el hombre estaba encargado de trabajar fuera de la casa, mantener la familia y tener éxito profesional.

Recuerdo que mi madrina me decía: "Si quieres disfrutar de las cosas buenas de la vida, ¡mejor es que busques un tipo con mucho dinero!" Inconscientemente me enviaba el mensaje de que yo debía vivir a cuenta de un hombre que me proveyera, porque yo no tenía las capacidades para obtener por mí misma lo que deseara.

Esta antigua creencia hace difícil a muchas mujeres reconocer que pueden ser independientes. Es cierto que vivimos en un mundo donde dependemos unos de otros para coexistir, pero nunca debes creer que necesitas de alguien para sobrevivir. ¡Tú eres autosuficiente!

Lo que sí ha cambiado en estos tiempos es que ahora hacemos trabajo doble, seguimos cumpliendo con la familia y los quehaceres del hogar, y a la vez trabajamos fuera de la casa. ¡Y las mamás solteras o sin apoyo de los padres tienen la carga triple!

Con todas las responsabilidades, estrés, ajetreo y compromisos del diario vivir, se dificulta cada vez más encontrar tiempo para explorar lo que realmente nos da satisfacción.

Para llegar a sentirte plena y satisfecha es imprescindible que en tu lista de prioridades seas la número uno. ¿Sabes quién es la persona más importante en tu vida?, ¿a quién crees que debes consentir? No es tu pareja, ni tus hijos, ni tu mamá... ¡eres tú!

Comienza a dedicar tiempo y energía en las cosas que te hacen feliz. Toma decisiones basándote en lo que tú quieres y no en lo que otros desean de ti. ¡Cómprate flores! ¡Date un masaje! ¡Lee un buen libro! ¡Escucha tu música predilecta! ¡Ve a tu restaurante favorito! **¡Arréglate y cuida de ti!**

Al principio te vas a sentir culpable. Si te sientes incómoda... **¡Hazlo de todas maneras!**

Antes de pensar en otros tienes que pensar en ti. Tu familia, amigos, vecinos, jefe y todos los que te rodean te harán sentir mal cuando no les dedicas el tiempo que desean. Esto es normal porque están acostumbrados a que siempre estés disponible. Este hábito es difícil de romper, pero tienes que dejarlo. Una mujer que olvida sus aspiraciones y sueños, para darle prioridad a los deseos de otros, no se ama a sí misma.

Te garantizo que cuando empieces a invertir tiempo en ti, te darás cuenta de que tu productividad y creatividad aumentarán notablemente. Además, te vas a sorprender porque tendrás más amor y energía disponibles para dar a otros.

Ejercicio:

Diariamente reserva un tiempo sagrado para ti. No importa cuán ocupada te encuentres, separa unos minutos para relajar tu mente, ya sea temprano en la mañana o antes de dormir. Puedes comenzar levantándote diez minutos más temprano cada día y utilizar ese espacio para hacer una meditación. Siéntate cómodamente en un lugar donde encuentres paz. Relájate y cierra los ojos. Concéntrate en tu respiración y sólo piensa en ello.

Cuando inhales, imagina que el oxígeno es un rayo de luz blanca que entra por tus fosas nasales e ilumina todo tu cuerpo llenándote de tranquilidad. Al exhalar, piensa que toda preocupación, angustia y estrés sale de tu sistema.

Al principio te invadirán pensamientos que interrumpirán tu concentración. Esto es natural, pues tu mente no está

> Una mujer que olvida sus aspiraciones y sueños, para darle prioridad a los deseos de otros, no se ama a sí misma.

acostumbrada a descansar. No te preocupes, vuelve a enfocarte en tu respiración.

Vivimos tan ocupados y abrumados que permanecer en silencio, aunque sea por cinco minutos, es algo desconocido e incómodo para nosotras; por eso los primeros días se te hará difícil hacer este ejercicio. Sin embargo, poco a poco, según vayas practicando esta técnica oriental de meditación, empezarás a experimentar serenidad, armonía, creatividad y optimismo en abundancia. También crearás conciencia de toda la gracia que te rodea, y lo más importante es que comenzarás a percatarte de tus propios dones, talentos y habilidades.

Las respuestas a todas tus preguntas puedes escucharlas claramente en el silencio. La quietud te enlaza con la inteligencia universal.

> La quietud te enlaza con la inteligencia universal.

Paulatinamente incrementa el tiempo que dedicas a esta práctica. Lo ideal es meditar por un mínimo de veinte minutos.

Toma control de tu tiempo

Una de las principales razones por la que muchas personas no alcanzan sus metas es porque desperdician horas y no las usan productivamente.

Evita perder tiempo en actividades que no te ayudan a mejorar la calidad de tu vida. Pregúntate: ¿Dónde empleo mi tiempo? ¿En el teléfono con la amiga que llama todos los días? ¿Mirando novelas? ¿Intercambiando mensajes en el Internet?

Cuando a fin de mes hagas un recuento de todas las horas que has derrochado, te irás de espaldas, porque seguramente suman tres días completos que pudiste haber empleado en ti.

¿Sabes por qué enfocas tanto tiempo en asuntos ajenos? Por qué es mucho más fácil atender a otros que buscar la respuesta a esta pregunta: **¿Cuál es el propósito de mi vida?**

Cuando te enfocas en los demás no tienes tiempo para enfrentar tus problemas ni responder tus propias preguntas. Tienes la ventaja de que en cualquier momento puedes despegarte del conflicto ajeno. Oyes unas cuantas quejas, das un par de consejos y puedes colgar el teléfono. En ese momento te sientes como una gran "terapeuta". Pero cuando llega la hora de enfrentar tu propia vida, tienes que hacerlo las 24 horas del día y no puedes colgar.

Obviamente encargada de los asuntos de **"Villega y todo el que llega"**, te quejas constantemente de no tener tiempo disponible ni siquiera para almorzar. Mucho menos para hacer ejercicio, meditar o ir al dentista para arreglar la caries que te duele desde hace un mes.

¿Has notado que los hombres muy rara vez se lamentan de no tener tiempo? ¿Acaso es que para ellos los días tienen más de 24 horas? ¡Claro que no!

Ellos, a diferencia de nosotras, no permiten que situaciones y personas controlen su tiempo; tienden a ser más egoístas con sus minutos que nosotras. Por ejemplo, si un hombre está ocupado viendo un partido de béisbol y su hermano lo llama para contarle un problema, él no tiene reparos en decirle: **"Estoy ocupado en este momento, te llamo cuando acabe el juego"**.

En cambio, tú puedes estar muy atareada limpiando tu casa porque tienes visita para cenar, y repentinamente una amiga te llama para contarte sus penas amorosas, dejas a un lado lo que estás haciendo para escucharla y olvidas tus prioridades.

Algo parecido me sucedió cuando estaba preparándome para salir de viaje. De repente sonó el teléfono. Era mi abuela quien llamaba por quinta vez en el día, ésta vez para pedirme otro de sus favores "urgentes".

—¡Hijita, tengo una emergencia! —dijo con voz temblorosa.

—¡Qué pasó abuela! —pregunte con desconfianza porque conozco lo exagerada que es.

—Estoy preparando las galletas de coco para el bingo pero se me acabó la mantequilla y no puedo engrasar el molde —me explicó abatida—. Por favor, necesito que me compres una barrita y me la traigas.

—Okay, abuela, te la llevo en un ratito —contesté resignada.

Me sentí responsable de salvarla en su emergencia culinaria. La culpabilidad de que ella fuera a pensar que yo era una mala nieta me hizo parar de empacar mi maleta, subirme al auto, parar en la tienda y manejar 35 minutos para llevarle el encargo que me pidió.

Continuamente enfrentamos situaciones como ésta, en las que nos sentimos comprometidos a decir **sí** cuando realmente queremos decir **no**.

Probablemente has experimentado "nonofobia" (miedo a decir no), por ejemplo cuando tu jefe te pidió que trabajaras hasta tarde y, aunque tenías otros compromisos, accediste. Tal vez sucedió lo mismo cuando tu novio te rogó que fueras a visitarlo y, aunque estabas ocupada, lo hiciste para complacerlo. ¿Por qué nos sentimos comprometidos a complacer a otros cuando nos piden ayuda? Porque pensamos que si nos negamos, nos catalogarán de egoístas, y nos preocupa lo que piensen los demás. Al mismo tiempo tenemos terror de que alguien nos deje de querer. Entiendo que te sientas culpable cuando haces un daño conscientemente, pero cuando alguien te pide un favor y no puedes realizarlo porque no tienes tiempo, dinero o ganas, no hay razón para sentirte mal, pues no has herido a nadie intencionalmente.

Complacer a otros debería ser un placer y no una obligación. Cuando digas sí, hazlo porque te hace sentir bien a ti y no a los demás.

Aprende a decir *no*

Para que puedas ponerte en primer lugar y dedicarte tiempo, es esencial que aprendas a decir **no**. Sigue los siguientes pasos:

1) No des respuestas inmediatas. En vez de decir no tajantemente, utiliza frases que te hagan pensar tu respuesta y tomar una decisión benéfica para ti. Utiliza frases como: "Dame tiempo para pensarlo", "No estoy lista para tomar una decisión en este momento", "Necesito finalizar lo que estoy haciendo, y te aviso". Estas respuestas incitan a la persona que te pidió el favor a buscar que otro le resuelva su problema.

> Aprende a decir no y contarás con más horas para ti. Ponerte en primer lugar no es un signo de egoísmo, sino de amor propio...

2) Cambia el enfoque hacia ti. Haz que la persona entienda que tú también tienes necesidades y que ella debe apoyarte. Por ejemplo, si una amiga quiere venderte un producto que tú no necesitas, puedes decirle: "Mi decisión de no comprar ese perfume es porque he decidido comenzar un plan de ahorro y necesito que me apoyes".

3) Crea "reglas". Comunica los reglamentos que rigen tu vida. Si alguien te pide un favor el domingo, expresa lo siguiente: "Lo siento pero en mi familia tenemos una regla: los domingos son nuestro día familiar y es sagrado compartir juntos".

Si alguien te pide dinero prestado puedes contestar: "Desde que nos casamos, mi esposo y yo tenemos una regla de no prestar dinero a nadie y de esta forma conservamos amistades".

4) Sé directa y al punto. Evita dar largas explicaciones, inventar excusas o, peor aún, mentir. No intentes convencer a la otra persona de tu decisión. Esto puede ponerte en una posición vulnerable y tarde o temprano quedas mal o terminas diciendo que sí. Si te invitan a una reunión y no tienes tiempo o ganas de ir, responde: "Gracias por la invitación pero no puedo ir" o "aprecio mucho que me tengas en cuenta pero prefiero dejar la invitación para otro día".

Aprende a decir no y contarás con más horas para ti. Ponerte en primer lugar no es un signo de egoísmo, sino de amor propio...

Resumen:

✓ Tu mensaje influye a otros por tres medios:
Lenguaje corporal 55%.
Tono de voz 38%.
Palabras 7%.

✓ Los cinco pasos para proyectarte como una mujer segura son: caminar derecha, acercarte, hacer contacto visual, dar un saludo de mano fuerte y **sonreír**.

✓ Casi el 70% de las mujeres se sienten inseguras.

✓ La mayoría de las mujeres creen que la seguridad se basa en el dominio de un campo o en su experiencia en algún área, pero ¡va más allá!

✓ La seguridad es una actitud, un sentimiento y una forma de pensar en que no importa el reto que enfrentes, tu confías en que puedes superarlo.

✓ La confianza en ti misma se recupera con el **deseo**, la **disposición** y el **compromiso** de dar un primer paso hacia tu meta.

✓ La clave para subirte a bordo y emprender el viaje hacia tu sueño es hacer un compromiso y decir en voz alta: **"Me comprometo, lo voy a hacer"**.

✓ En tu lista de prioridades, ponte en primer lugar.

✓ Dedícate tiempo y empieza a hacer las cosas que te hacen sentir feliz.

✓ No importa cuán ocupada estés, diariamente saca un tiempo para meditar.

✓ Aprende a decir **no** sin sentirte culpable

Ejercicio:

1) Marca con una X las áreas de tu vida donde quieres incrementar tu seguridad

▢ Profesionalmente

▢ Relación de pareja

▢ Finanzas

▢ Físicamente

▢ Familia

▢ Socialmente

▢ Intelectualmente

▢ Espiritualmente

2) Describe una situación o momento en que te sientes insegura.

_____

_____

_____

_____

3) En una escala de 0-10, ¿dónde te encuentras? Cero (0) significa "soy una mujer extremadamente insegura" y diez (10) significa "soy una mujer completamente segura".

Encierra en un círculo el número que corresponde a tu calificación:

0===1===2===3===4===5===6===7===8===9===10

4) A la cifra que escogiste en el punto anterior, réstale 3 números. (Ejemplo: si te calificaste como 7, entonces ahora marca el número 4).

0===1===2===3===4===5===6===7===8===9===10

5) Escribe tres razones de por qué tu no podrías calificarte en ese número inferior (en otras palabras, destaca los atributos y aptitudes que te ayudan a no ser un número menor).

a)_____

b)_____

c)_____

6) Explica las razones principales de por qué no pudiste calificarte con un 10.

_____

_____

_____

_____

7) Qué acción o medida puedes tomar para poder clasificar tu seguridad con un 10.

_____

_____

_____

8) Describe alguna actividad que disfrutes hacer y te sientes segura efectuándola.

_____

_____

_____

9) Describe una actividad en la que tienes experiencia y te hace sentir segura.

_____

_____

_____

10) Describe una actividad que te da satisfacción y no necesariamente te hace sentir segura.

_____

_____

11) Describe la situación en tu vida donde te sientes insatisfecha o infeliz.

_____

_____

_____

12) En una escala de 0-10, ¿cuán importante es para ti resolver la situación que explicaste en el punto anterior? Cero (0) significa "no me importa en lo mas mínimo" y diez (10) significa "es importantísimo para mí".

0===1===2===3===4===5===6===7===8===9===10

Si tu respuesta calificó en 7, 8, 9 o 10, significa que tienes el **deseo** y la **disposicion** de mejorar y cambiar esa situación. Ahora lo único que te falta es hacer el **compromiso**.

13) Escribe tu compromiso. Recuerda que es normal sentir miedo e inseguridad, pero una vez que escribas tu compromiso en estas líneas y lo digas en voz alta, algo mágico comenzará a suceder en tu vida.

¡Me comprometo a _____

_____ **lo voy a hacer!**

Para alcanzar el éxito, primero tienes que enamorarte de ti misma
- Sister Mary Lauretta

4

¿Qué tipo de mujer eres?

A lo largo de muchos años, mi gran pasión ha sido motivar a la mujer a confiar en sí misma para que pueda alcanzar cualquier meta en su vida, ya sea personal o profesional, y en todo este tiempo he descubierto los misterios de una mujer segura. Sin embargo, luego de múltiples investigaciones, entrevistas, encuestas, conferencias, seminarios y charlas personales con mi público, así como las retroalimentaciones que tengo frecuentemente con mis radio escuchas, lectores y amigas, me atrevo a clasificar a la mujer en **cuatro** grupos, según los tipos de personalidad más comunes y su actitud hacia la vida.

En las siguientes líneas podrás identificarte con algún tipo de mujer y a la vez recordarás a otras con las que has compartido situaciones a lo largo de tu vida y que reflejan estos comportamientos.

Habrá momentos en los que dirás: "¡Ésta soy yo!", y en otras ocasiones querrás levantar el teléfono para decirle a tu mejor amiga: "¡Estoy leyendo la descripción de una mujer igualita a ti!", y no te sorprendas cuando digas: "¡Esta es mi prima, la sabelotodo, quien cree que no tiene nada que aprender!" También puede suceder que encajes en una categoría específica de mujer, pero a la vez sientas que reflejas características de los demás grupos.

Las siguientes descripciones te harán más consciente del modo de ser femenino y podrás analizar, con un toque de humor, a aquellas mujeres que quizás hasta este momento no habías podido entender. Ellas son: La "Que-qui"…La "Yo-si"… La "Mista"… y La "La-más".

Deseo ayudarte a identificar un comportamiento que puede ser la "piedra en el zapato" que no te deja caminar, impidiéndote alcanzar tú máximo potencial. Lo importante es que también te diviertas con estas líneas.

La "Que-qui"

La primera mujer es la "Que-qui". Es la "que-quisiera tener una relación íntima fabulosa"... la "que-quisiera perder peso"... la "que-quisiera ser más extrovertida"... la "que-quisiera ganar mucho dinero"... "la que-quisiera tener cabello lacio"...

La Que-qui es la que continuamente quiere, quiere y quiere pero no hace absolutamente nada, nada y nada por conseguirlo. Enfoca sus deseos en lo que no tiene o en lo que no ha podido lograr, y por si fuera poco siente envidia por las personas que sí tienen las capacidades que ella piensa que no posee. En este grupo están las mujeres que se sienten responsables por las reacciones de otros y el temor al rechazo determina lo que dicen o hacen.

La Que-qui invierte una gran parte de su tiempo ayudando a sus familiares, amigas, vecinas, compañeras de trabajo y a todo aquel que la necesite.

Básicamente siempre está complaciendo a otros y se siente insatisfecha porque los demás no devuelven sus favores. Se queja en silencio y da más valor a las necesidades ajenas que a las propias.

Es el caso de mi amiga Rita, que siempre tiene la casa llena. Diariamente cocina para sus tres hijos y 12 nietos con sus respectivas esposas. Prepara hasta cuatro platillos diferentes para complacer a toda su familia, que lógicamente está feliz recibiendo todas sus atenciones pero al mismo tiempo no le tienen consideración ya que ni siquiera levantan los platos de la mesa.

En pocas palabras, la tienen "hasta la coronilla", ¡o sea harta! Se siente agotada pero no se atreve a tomar vacaciones porque piensa que sin ella no podrán vivir.

En el trabajo acepta gustosa cubrir el turno de hasta tres personas y en su tiempo libre hornea centenas de galletas si el club comunitario se lo pide. Es más, Rita vive tan involucrada en las necesidades de los demás, que carece de tiempo para ella.

Muchas mujeres, al igual que Rita, ejercen una conducta de "complaciente crónica", la cual es como una adicción. Así como el drogadicto necesita la droga, la complaciente crónica necesita la aceptación de otros.

La Que-qui siempre está satisfaciendo y por eso le cae bien a todo el mundo. Sin embargo, esto no le genera aceptación, ni mucho menos admiración ya que sus relaciones no están basadas en dar y recibir equilibradamente. Ella acostumbra a ser la única que aporta en una relación y parece una batería alcalina que sigue y sigue y sigue sin parar, pero no hace nada, nada, nada para cambiar.

Se resiste a que otros la ayuden porque tiene terror de que lo hagan por obligación, en vez de deseo genuino; aunque irónicamente ella hace las cosas por compromiso y por ganar aceptación.

Las características más comunes de una Que-qui son:

1. Tiene miedo a decir **no**.
2. Su autoestima depende de la reacción de los demás.
3. Acomoda su comportamiento de acuerdo con la conveniencia de otros.
4. Siempre está deseando y no actúa.
5. Evita los conflictos a toda costa.
6. Aparenta estar contenta y animada, pero emocionalmente está agotada y se siente irritada, preocupada, ansiosa e infeliz.

Recomendaciones para la Que-qui.

❧ Aprende a comunicar tus necesidades y deseos. Cuando exiges tus derechos, otros te valoran más porque te estás dando valor a ti misma.

❧ Para ganar el respeto, admiración y aceptación de otros, que es lo que tanto deseas, tienes que comunicar esa queja silenciosa y no tener miedo a exigir lo que mereces.

● La razón por la que otros no aprecian tu tiempo y esfuerzos es porque los has acostumbrado a hacerles todo y no has generado la oportunidad para que también te entreguen algo. Acuérdate que la vida es un dar y recibir. Para recuperarte del mal hábito de complacer a todos menos a ti, lo primordial será ganar tu propia aprobación y olvidarte del consentimiento de los demás.

● Resiste el impulso de ayudar a todo el mundo. Aprende a decir no sin sentirte culpable. No se trata de ser egoísta, pero es esencial que te pongas en primer lugar. Nadie te va a tocar la puerta para hacerte entrega de lo que deseas si no actúas, ¡sólo tú puedes alcanzarlo!

● Haz una lista de tus gustos y necesidades primordiales, y separa un tiempo sagrado para dedicarte a ellas como muestra de amor propio.

> Conviértete en "la protagonista" de tu propia película.

● Deja de ser "la sacrificada", "la mártir" y "la víctima". Conviértete en "la protagonista" de tu propia película, "la dueña de tu tiempo", en la mujer que siempre has querido ser, pero que nunca te has animado a exigir.

La "Yo-sí"

Sus frases favoritas son: yo-sí sé, yo-sí hago, yo-sí doy, yo-sí puedo, yo-sí tengo, yo-sí pienso. Es la mujer controladora, perfeccionista y sabelotodo. La sencillez no es algo que la caracterice.

Es exigente y no está conforme con nada, ni con nadie. Desafía a los demás y se queja constantemente de las debilidades de otros, porque inconscientemente esto la hace sentir más competente. Su forma de ser tan exigente le ha costado la enemistad de varias personas, pero ella dice que no le importa lo que otros piensen, porque según ella "nadie le paga su renta". Está consciente de que la perfección no existe, pero eso no la detiene para tratar de alcanzarla. Se siente frustrada cuando no puede lograr las metas irrazonables que había establecido.

De las cuatro mujeres es la que más aparenta seguridad en sí misma, pero en realidad sufre de baja autoestima y lo esconde detrás de su inflado ego.

Tiene todas las características de una líder, pero no puede serlo por que el liderazgo implica trabajar en equipo y esto es difícil para ella, ya que no acepta la crítica de otros, aunque sea constructiva.

En la época en que manejaba mi restaurante, conocí a Adriana, una típica mujer Yo-sí. Ella era una clienta frecuente que todos los días llamaba para pedir su comida por teléfono, porque le desesperaba tener que esperar por su orden. La recuerdo especialmente por sus exigencias.

Me encantan las personas que no tienen miedo de pedir lo que merecen, pero desde que Adriana pisaba la puerta de entrada, se sentía la tensión entre los empleados. La saludábamos cordialmente y ella apenas sonreía. Protestaba sin mesura: "La soda tiene mucho hielo, los tacos no tienen suficiente queso y la mesa está dispareja", y éstas eran tan sólo algunas de sus quejas.

Un día la vi más trastornada y exigente que de costumbre, entonces me senté a conversar con ella porque pensé que tal vez necesitaba desahogarse.

—María, estoy furiosa, tengo que trabajar con una cantidad de incompetentes que me sacan de mis casillas y no me digas que delegue, ¡porque nadie sabe hacer las cosas bien! —aseguró sin respirar y en tono frustrado. —Si la gente hiciera lo que yo digo, seria más fácil para todos. Yo busco el bien común y que todo salga **perfecto**, sin embargo tengo enemigos en la empresa, ¿¡te imaginas esos ineptos!? —exclamó.

—Ponerte furiosa no resuelve nada, mejor enfócate en las cosas buenas que ellos hacen —le aconsejé, tratando de calmarla.

—¡Es que no hacen nada bueno, hasta mi jefe es un ignorante! —dijo casi gritando— "En cambio yo sí hago mi trabajo... yo sí me esfuerzo... yo sí soy super puntual... yo sí me quedo horas extra para que todo salga bien. No tienes ni idea de lo responsable y organizada que ¡yo sí soy! —dijo con aire egocéntrico.

—Mientras sepas que tú haces todo bien, no te preocupes por los demás —concluí alentándola.

—¿Sabes María? Ya no quiero hablar más de mí..., hablemos de ti... ¿Tú que opinas de mí?

Me quedé sin palabras y sonreí. Era evidente que Adriana, como la típica Yo-sí, se valora de acuerdo con su productividad y lucha por ser sobresaliente, pues reconocer que otros pueden ser mejores la hace sentirse inferior. Esto le sucede tanto en el trabajo como en el amor.

Aunque las Yo-sí son mujeres de carácter fuerte, se involucran sentimentalmente con individuos de personalidad débil. Ésta es una manera de reafirmar sus habilidades para dirigir. Cuando se trata de una relación íntima, continuamente hacen hincapié en los defectos de su pareja y le dicen: "Deberías ser más responsable"... "Tienes que ser más organizado"..."Deberías madurar" y exigen, exigen y exigen.

El lado positivo de la Yo-sí es su capacidad para emprender cosas nuevas. Conoce sus talentos y es muy creativa. Es admirable la virtud que tiene para cumplir, completar, conseguir y alcanzar lo que se propone. Es cabecilla y de las cuatro mujeres es la que más atributos de líder posee.

Al querer ser la mejor, está dispuesta a hacer un esfuerzo adicional, siempre necesario para enfrentar este mundo competitivo. Su perseverancia le ayuda a conseguir metas que otras no alcanzarían.

Las características más comunes de la Yo-sí son:

1. Su forma de hacer las cosas es la única que funciona.
2. Es hiperactiva.
3. Cree que no necesita ayuda.
4. Se frustra con facilidad al ser perfeccionista y obsesiva.
5. Mantiene su casa u oficina extremadamente organizada.
6. Demanda mucho de otros y de sí misma.

Recomendaciones para la Yo-sí:

❧ Aprende a ser más tolerante y comprensiva, no sólo alcanzarías con esto más excelencia, sino que conservarás mejores relaciones y mayor armonía.

❧ Necesitas descargar toda esa energía creativa en forma más positiva para tu beneficio. Por ejemplo, haz ejercicio, yoga o meditación. Esto te enseñará a relajarte y despejar tu ocupada mente. A las personas que usan estas técnicas se les llama yogis, por eso te recomiendo transformarte de "Yo-sí" a "Yo-gi". Te has enfocado en organizar tu casa, oficina y la vida de otros, pero has olvidado poner en orden lo más importante: ¡Tu mente!

❧ Desarrolla paciencia y entiende que no todo el mundo es ágil, rápido y agudo como tú. Escuchar es una habilidad que como líder debes practicar más. Esto es uno de los mejores regalos que le puedes dar a otros y a tu crecimiento como ser humano. Estar dispuesta a aceptar retroalimentación te ayuda a expandir tu mente, entender a los demás y cumplir un mejor papel como madre, esposa, amante, hija, amiga y compañera.

❧ Deja de ser tan exigente con otros y contigo misma. Cambia la palabra "perfecto" por "excelente". En vez de decir: "Quiero hacer un trabajo perfecto", mejor di: "Quiero hacer un trabajo excelente". ¡Te aseguro que este cambio de palabras transformará tu vida!

❧ Recuerda que alcanzar el perfeccionismo es como querer llegar al horizonte, no importa cuánto camines, nunca lo alcanzarás. Sin duda, cuando haces las cosas lo mejor que puedes estás dando un ejemplo que inspira a los demás.

La "Mista"

La tercera dama es la Mista. La mayoría de las mujeres confiesan identificarse con esta categoría. La Mista es "confor-mista": no es feliz pero tampoco miserable, por eso sigue aguantando. Todavía no ha pisado fondo.

La Mista se engaña y se disculpa diciendo: "Después de todo no estoy tan mal, hay otros que están peor que yo". Algunas de las frases típicas de la "confor-mista" son:

"Aunque no me gusta mi trabajo, por lo menos no estoy desempleada" ..."aunque no estoy feliz con mi marido, por lo menos no estoy solita"... "aunque mi casa está cayéndose en pedazos, por lo menos tengo techo"... "aunque estoy gordita, por lo menos no soy anoréxica"... "como dulces todo el día, pero por lo menos no soy diabética"... "necesito tomarme mis traguitos diariamente, pero no soy alcohólica".

Este tipo de mujer tolera la situación porque tratar de mejorarla requiere mucho trabajo y tomaría mucho tiempo. Ella sabe que tiene un talento que puede desarrollar pero no encuentra la manera de hacerlo, así que le echa la culpa a otros: esposo, novio, jefe, mamá, suegra e hijos.

La Mista tiene un área en la que quiere superarse, pero, en vez de enfocarse en lo que tiene que hacer, invierte su tiempo haciendo mil cosas que no están relacionadas con el aspecto que le preocupa. Le gusta tener su tiempo colmado de actividades, ya que al estar sumamente ocupada, bien sea decorando su casa, en eventos sociales o involucrada en los asuntos de sus hijos, no tiene que enfrentar los cambios que debe hacer en su vida. Empieza un proyecto pero no lo termina. Esta mujer está esperando un milagro o ganarse la lotería para que su situación cambie.

La Mista no toma muchos riesgos. No le gusta salirse de lo que los psicólogos llaman la "zona de confort". Esto quiere decir que tiende a mantenerse dentro de lo que conoce. Y está "casada" con aquellas cosas que hizo o dijo en el pasado. Resiste todo lo que sea nuevo o diferente.

Quiero confesarte que yo era una Mista y me resistía a hacer cambios en mi vida aunque fueran mínimos.

Un día, a la hora de dormir, me encontré con la sorpresa de que mi esposo se había acostado en el lado de la cama donde yo siempre duermo.

"Quiero hacer un trabajo excelente".

—¿Qué haces ahí? —pregunté incómoda.

—Acuéstate aquí —dijo calmadamente mientras estiró su brazo y dio unas palmaditas al otro lado del colchón, invitándome a acostarme junto a él.

—¡Estás en mi lado!— expresé irritada.

Pero en ese momento reflexioné y me pregunté: "¿Por qué estoy molesta, si él tan sólo me ha pedido cambiar mi posición tres pies de distancia?"

Los seres humanos odiamos los cambios, aun cuando sean insignificantes como éste. Es por eso que cuando tenemos que hacer modificaciones drásticas en nuestra vida personal o profesional, las evadimos a toda costa, hacemos todo lo posible por mantenernos en un lugar que nos sea familiar.

Seguramente tú has experimentado una incomodidad como ésta cuando alguien se estaciona donde siempre lo haces, o tal vez cuando cambian los productos de lugar en el supermercado, o cuando te vas a arreglar las uñas y tu manicurista de confianza no te avisó que tenía el día libre y tienes que arreglarte las manos con otra persona.

La razón principal por la cual evitamos una alteración en nuestras vidas, aun cuando estemos infelices, es porque tenemos miedo a entrar en territorio desconocido.

"¿Qué va a suceder si dejo esta situación y luego no encuentro algo mejor?", es la interrogante que nos hacemos cuando tenemos que dar un paso y nos sentimos inseguros porque no tenemos garantías de un futuro prometedor.

El miedo a cambiar la rutina te mantiene inmovilizada y no te permite alcanzar lo que deseas. Aunque no estás feliz, te conformas porque al menos conoces tus limitaciones y estás familiarizada con tu carga.

Las características más comunes de la Mista son:

1. Miedo a cambiar su rutina.
2. Siempre está ocupada con muchos asuntos.
3. Pospone todo y deja las cosas para más tarde.

4. Justifica su conformismo con su comodidad.

5. Se conforma con los escasos momentos de plenitud que vive y no busca la manera para que sean más frecuentes.

Recomendaciones para la Mista:

- Toma responsabilidad de tus decisiones y deja de echarle la culpa a otros. Tú eres la única que puede cambiar y mejorar esa situación que te incomoda y no te deja ser feliz. Posees algo que a las otras tres mujeres les falta y es: Pa-cien-cia. Tienes corazón de artista y la habilidad de entender a otros.

- Mientras estés ocupada en tantas cosas, no atraerás la prosperidad a tu vida porque no estás abriendo espacio para que lleguen nuevas oportunidades.

- Libérate de las cosas que no te benefician, ya sea una relación, un trabajo, una amistad, un vicio, una creencia o un par de zapatos viejos que necesitan reemplazo. Hasta que no sueltes lo que no te beneficia, no atraerás lo que necesitas. Observa el siguiente ejemplo: Imagina que compras un obsequio muy voluminoso para tu mejor amiga, y cuando llegas a entregárselo te das cuenta que sus manos están llenas de paquetes y no tiene espacio para recibir lo que con tanto cariño le traes. Tienes dos opciones: dejar el paquete en el piso e irte, y posiblemente nunca lo vea, o puedes esperar a que sus manos se desocupen para que pueda recibir y apreciar tu regalo. Así mismo sucede en la vida. Dios y el universo no tratan de darte algo cuando tus manos están repletas; más bien esperan a que abras el espacio y estés lista para recibir. Es entonces cuando obtienes lo que está guardado para ti. Pero para esto tienes que deshacerte de aquello a lo que te estás aferrando. ¡Hay muchos regalos para ti!

- Reflexiona y formúlate las siguientes preguntas: ¿Qué es lo que sigo sujetando pero sé que debo soltar?, ¿qué es lo que ya no me conviene y debo liberarme de ello?, ¿en qué área de mi vida tengo que hacer un cambio pero lo he ignorado? Cuando evades hacer alteraciones, estás yendo en contra de la naturaleza. Hay una realidad física universal que dice que todo está cambiando constantemente. En este momento no existe nada estático. Tanto las células de tu cuerpo como los átomos de una roca están moviéndose continuamente: nada es permanente, el día cambia en la noche y el invierno en primavera. ¿Qué te hace pensar que tú eres la excepción a la regla y que puedes permanecer en el mismo lugar sin tener que experimentar cambios?

❤ Si no estás lista todavía para hacer modificaciones grandes, comienza con pequeños cambios; por ejemplo duerme esta noche en el lado opuesto de la cama, quizás, al igual que yo, descubras que ¡el lado desconocido puede ser mucho más cómodo que el familiar!

La "La-más"

La cuarta mujer es La más, es decir, "la-más triste", "la-más dolida", "la-más infeliz", "la-más desesperada" y "la-más deprimida". Existe un área en la vida de esta dama en la cual pisó fondo desde hace mucho tiempo; pero para ella no existe el fondo, pues siempre actúa como si se hundiera en arena movediza.

Todo el que la rodea se da cuenta de su desgracia. Ella misma reconoce la gravedad de sus problemas, pero no sabe cómo salir de ellos. En esta situación La-más está tan infeliz, que su frustración influye considerablemente en otras áreas de su vida. Se desquita con su pareja, la familia de él, sus hijos y sus compañeros de trabajo.

La-más suele ser monotemática, parece un disco rayado. Cuando hablas con ella ya vas preparada para oír lo que has escuchado tantas veces y tus consejos, como decía mi tía, **le entran por un oído y le salen por el otro**.

Seguramente ella ha recibido constantes agresiones verbales y físicas por alguna persona con la que se relacionaba o se sigue relacionando en su diario vivir. Seguramente no encuentra mucho apoyo en su pareja. En esta clasificación, la mujer frecuentemente no se valora a sí misma y tampoco se hace respetar.

Ella lógicamente intenta cambiar, pero no se cree capaz de lograrlo. Permite que situaciones y personas la controlen, por lo tanto cede su poder al **"bailar al son que le toquen"**, en vez de poner su propia música.

La-más no tiene mucha noción de lo que significa "paz mental". Sus pensamientos son como el mar cuando está picado y así también son sus reacciones, que van y vienen como una veleta al garete.

Sus prioridades están en desorden; por ejemplo, primero está su *look*, segundo la relación de pareja, tercero su trabajo y por último sus hijos.

En las relaciones amorosas, que es su debilidad más grande, es desconfiada, pero a la vez se convierte en "La mujer maravilla". Incitada por sus inseguridades protagoniza hazañas dignas de una película de comedia o de un drama lleno de acción. Por ejemplo, recuerdo muy bien un día cuando estaba en mi casa tomando mi clase de yoga y en medio de mi profunda meditación, empezó a sonar insistentemente el timbre de la puerta y tuve que interrumpir. Me asomé por la ventana y me sorprendí cuando vi a mi amiga, llamémosla Diana, quien me esperaba disfrazada detrás de la puerta. Tenía unas enormes gafas oscuras de carey y una pañoleta azul, como si esta indumentaria se la hubiera pedido prestada a Doña Florinda. Me dieron ganas de reír ante semejante espectáculo; pero cuando abrí la puerta y vi su cara de tristeza, me contuve.

—Hoy no es el día de brujas, ¿qué te pasa? —pregunté.

—No te imaginas de dónde vengo… acabo de espiar a César y lo encontré con la otra —dijo desconsolada y empezó a llorar.

—¿Estás segura?, ¿cómo es eso?, yo creía que él estaba visitando a sus papás en Costa Rica —expresé.

—Eso fue lo que me dijo pero me mintió al igual que siempre —dijo llorando desconsoladamente y continuó—: Estaba con la misma "desvergonzada" con la que se fue a pasar vacaciones la última vez, ¿te acuerdas? Y ¡fui yo! la que le prestó mi tarjeta de crédito para pagar el pasaje, que dizque era para irse a ver a su mamá que…

—¡Stop! ¡Para! Es suficiente —interrumpí abruptamente sin dejarla terminar—. No me digas más nada… Tienes que salir de esa relación, ¿cuántos engaños y golpes te va a tomar dejarlo? —protesté furiosa.

—Sé que tengo que acabar con esto, pero este hombre es como una droga que me está destruyendo y no puedo dejar! —expresó desconsolada.

Por milésima vez, Diana se daba cuenta de la amargura que estaba viviendo. Anteriormente había tomado la firme decisión de terminar con César, pero siempre que lo hacía, comenzaba a padecer los mismos síntomas de desesperación que sufre un alcohólico o drogadicto que está tratando de abandonar el vicio. Por eso, cuando él regresaba a rogarle que lo perdonara, ella flaqueaba y volvía al vicio otra vez. Una relación adictiva destruye la autoestima y puede causar daños físicos, ya sea mediante abuso corporal o bien causando estrés y el desequilibrio de cambios químicos en el cuerpo, que deterioran la capacidad de una persona para poder desenvolverse al máximo.

La-más, frecuentemente hace declaraciones como éstas: "Estoy consciente que debo terminar con esta relación que no me conviene"… "Sé que tengo que dejar este trabajo que odio". Sin embargo ella no cree que pueda hacerlo.

De las cuatro clasificaciones de mujeres, ésta es sin duda alguna la de autoestima más baja, la-más vulnerable, la-más insegura y por lo tanto la que requiere de más ayuda.

Ella permanece en relaciones destructivas por varias razones, bien sea financieras, o por no traumatizar a sus hijos con una separación, o se siente responsable por su pareja y no quiere herirlo, pero más que nada por terror a estar sola. Lo más interesante de La-más, es que puede tomar decisiones difíciles en otras áreas de su vida, pero donde tiene que hacer los cambios importantes no puede. Ella sabe que no está viviendo como su potencial le permitiría.

Las características de La-más son:

1. Sabe que está en una situación catastrófica y sus familiares y amigos le han dicho que se retire, pero evita tomar pasos efectivos para salir a flote.
2. El único interés que tiene en la vida es su vicio.
3. Enfoca su atención y energía en el drama de su vida.
4. Según pasa el tiempo, su situación empeora.
5. La mayoría del tiempo está en guerra y discutiendo con su pareja.
6. Es muy divertida por su papel protagónico en las películas de aventura, drama y acción de su diario vivir.

Recomendaciones para La-más:

- El primer paso para superar esta situación es hacer lo mismo que un alcohólico o un drogadicto, es decir, tienes que reconocer tu adicción. Hasta que no admitas que eres adicta a tu miseria, no podrás mejorar tu situación.
- Recobra el timón de tu vida. Es hora de buscar ayuda o aceptar apoyo de tus amistades, familiares o de un profesional.
- Tómate un tiempo a solas para reflexionar. Piensa en aquellos instantes de tu vida en los que has tenido el control y te has sentido plena y satisfecha contigo misma.
- Acuérdate de un momento específico como cuando obtuviste un logro o cumpliste una meta que te hizo sentir orgullosa y dijiste: yo soy "increíble", yo soy "capaz", yo "marqué una diferencia". Quizá esta ocasión fue cuando pasaste un examen, finalizaste un proyecto importante, conseguiste un trabajo que te gustaba, perdiste peso, ganaste una competencia, fuiste reconocida por tus talentos o cuando hiciste la diferencia en la vida de otra persona. Trae a tu mente esa situación exacta; recuerda, ¿dónde te encontrabas?, ¿qué colores vestías?, ¿quién te acompañaba?, ¿qué tenías a tu alrededor?, ¿acaso estabas sola? Trae a tus sentidos todas las sensaciones de ese momento para que puedas recapitularlo y su-

mérgete en él. Estas memorias harán que recuerdes la fe que una vez tuviste en ti misma para que puedas recobrarla.

Esos momentos dependieron de ti y de tu confianza. ¡Estoy segura que los puedes multiplicar!

Eres poderosísima, cuando te liberes, salgas de tu jaula y abras las alas, vas a volar a unas alturas que ni tú sabías que podías alcanzar.

Eres un águila y puedes volar sola. Tienes un talento escondido que cuando lo manifiestes, una explosión va a ocurrir. Reconoce lo extraordinaria que eres. Date valor.

De las cuatro damas, tú eres la más fuerte y la que más resistencia al dolor tiene. "La Mista", "La Que-qui" y "La Yo-si" no hubieran podido soportar la carga que tú llevas a cuestas.

¡Vuélvete adicta al amor por ti misma!, enfócate en cultivar relaciones saludables, busca lo que más te conviene y te brinda mayor satisfacción.

> Eres un águila y puedes volar sola.

Tú tienes el poder de convertirte en ¡"la-más decidida", "la-más comprometida" y "la-más feliz"!

Lo qué tienen en común estas cuatro mujeres

¿Con cuál de las cuatro mujeres te identificaste más? ¿Te acordaste de pronto de algún momento de tu vida cuando hiciste o dijiste algo que te identificó con varias de ellas?

Quizá estos **cuatro** personajes te hicieron reír un poco de ti misma. Espero que estas descripciones te hayan ayudado a autoanalizarte y comprender que está en tus manos hacer modificaciones en tu comportamiento para que puedas mejorar ese lado flaco que todas tenemos.

> Tú tienes el poder de convertirte en la más feliz.

¿Qué es lo que comparten todas estas mujeres? Definitivamente el común denominador es un sentimiento de insatisfacción.

Por todo lo que relaté anteriormente y basándome en mis observaciones e investigaciones, puedo determinar que estas cuatro mujeres tienen cuatro características en común:

1. ¡Excusas para dar y convidar!
2. Tienen una visión borrosa de la realidad.
3. Dificultades de comunicación.
4. El éxito se basa en algo que viene de fuera.

1. Todas están llenas de excusas.

"La Que-qui" dice: "No tengo tiempo"; "La-más" dice: "mi marido no me deja". "La Yo-si" dice: "No tengo dinero"; "La Mista" dice: "No tengo suficiente experiencia".

Si por lo pronto no recuerdas cuál era tu pretexto, vuelve al capítulo 2… ¡no busques excusas!

2. Todas tienen una percepción distorsionada de su situación.

La imagen que tienen de sí mismas les impide darse cuenta de la realidad en que se encuentran. Esto dificulta medir las consecuencias de las acciones y las decisiones que toman.

¡No saben lo poderosas que son! Se les olvida confiar en el **sexto sentido** llamado intuición, que es una herramienta esencial para la supervivencia.

Recuerdo una vez, cuando finalicé mi rutina de ejercicios en el gimnasio, escuchar a dos damas en el vestidor, mientras reunía mis pertenencias, conversando al lado de la báscula.

Una de ellas, quien tenía bastante sobrepeso, se subió a la báscula y, cuando se bajó, frustrada le dijo a su amiga: "Si alguien me hubiera dicho hace 10 años que un día pesaría esta cantidad, jamás lo hubiera creído…, ¿cómo he llegado hasta aquí?", se cuestionó en voz alta.

Su pregunta me hizo recordar un experimento de laboratorio que hicieron para medir la resistencia de las ranas a altas temperaturas. El experimento consiste en lo siguiente: Dos envases de cristal con agua son colocados en una estufa. En uno de ellos sumergen una rana y poco a poco comienzan a subir el fuego; entonces el animal se inquieta e intenta salir, pero cuando bajan el calor se tranquiliza.

Posteriormente, suben la temperatura aún más y la rana vuelve a exaltarse y trata de huir, pero al disminuir el fuego reposa nuevamente.

Así sucesivamente continúa el experimento, subiendo la llama cada vez más. La rana lentamente se va acoplando a las temperaturas altas, no se da cuenta de las consecuencias y llega un momento en que no tiene conciencia de que está quemándose y finalmente muere. Mientras tanto en el otro recipiente, que tiene agua extremadamente caliente, ponen a una segunda rana y ésta confía en su **instinto de supervivencia**; por lo tanto, salta inmediatamente afuera porque no tolera la temperatura y se salva.

Algunas veces las mujeres actuamos como la rana que murió. Nos encontramos en una situación con la que no estamos felices, pero nos vamos acostumbrando a ella y sin darnos cuenta, aunque no morimos físicamente como la rana, nuestro espíritu se va muriendo lentamente.

En el caso de la señora del gimnasio, que tenía 30 kilos de sobrepeso, todo comenzó cuando se habituó a los primeros tres kilos que ganó.

¿Por qué toleramos situaciones que nos van perjudicando? Porque creemos que es más fácil aguantar que hacer un cambio para tratar de mejorar.

Si tu realidad ha estado borrosa y no te has dado cuenta que el agua está hirviendo, ¡salta como la rana que se salvó!

3. Todas tienen dificultades para comunicar su esencia y sus anhelos.

Cuando te expresas no se trata únicamente de tus palabras,

también puedes hacerlo con tu silencio, tu comportamiento y hasta con tus ideales. Cada vez que te cohíbes para manifestarte, escondes un pedacito de tu ser. Si constantemente lo haces, llegará el día en que, sin darte cuenta, habrás ocultado tantos pedazos de ti que desaparecerás y aunque estés presente físicamente, estarás ausente espiritualmente y habrás perdido tu esencia como mujer.

Mi prima Millie, en la siguiente historia, es un ejemplo de esto. Ella es una de las personas más divertidas y joviales que conozco, es maestra de primer grado y la adoran sus estudiantes.

Una vez tenía deseos de saludarla y carcajearme un poco debido a su magnífico humor; así que la llamé para invitarla a almorzar.

—María, me encantaría verte pero lamentablemente ya tengo planes para ir a comer con otra profesora —dijo con tono de desaliento.

—No hay problema, ¡invita a la profesora a reunirse con nosotras! —sugerí.

—¡Estás loca!... yo no puedo comportarme con ella como lo hago contigo, —exclamó.

—¿Qué quieres decir con eso? —pregunté.

—Ay mija, ella es muy conservadora… si empiezo con mis chistes y mis bromas, la voy a hacer sentir incómoda y yo no quiero eso; imagínate que le cuente al director de la escuela, ¡que van a pensar de mi! —explicó.

—Sólo tienes dos opciones: invitar a la maestra y las tres carcajearnos con tu buen humor, o invitar a la maestra y si a ella no le gustan tus chistes, pues sólo nosotras dos nos desarmaremos de la risa —le dije sin darle la opción de esconder su naturaleza.

¡Muchas mujeres, al igual que mi prima, se han abstenido de comunicar lo que realmente son o han comunicado lo que realmente no son!

Hay quienes moderan su comportamiento por miedo a ser juzgados y amoldan la manera de comunicarse de acuerdo con las circunstancias o al grupo social en que se desenvuelven; con los amigos actúan de una forma, con la familia de otra y con los compañeros de trabajo son diferentes. Por ejemplo, eres extrovertida pero frente a tu pareja te conduces retraída por temor a incomodarlo, o tal vez no estás de acuerdo con tu jefe, pero actúas como si todo estuviera bien para no contradecirlo; o quizá deseabas ser actriz pero estudiaste para ser abogada porque tu familia critica a todo aquel que pertenezca a la farándula.

En el hogar y en la escuela fue donde aprendiste lo que supuestamente es aceptable o no lo es, y cómo demostrar o esconder tus sentimientos. Desde que naciste te educaron con las creencias, tradiciones y reglas de tus padres y tutores. Quizá vives con los valores de otras personas y no los tuyos. Conforme maduras descubres que tus principios tal vez no son iguales a los de tu familia, líderes religiosos, políticos o incluso tus amigos; pero los aceptas porque crees que es más importante la aprobación de la sociedad o de tu vecino que comunicar lo que eres y lo que sientes.

¡Cuando sacrificas tu autenticidad, renuncias a tu felicidad!

¿Cuántas veces tu deseo de ser aceptada te ha cohibido para comunicar tu esencia y tus anhelos y hasta te ha hecho olvidar quién eres tú?

Cada vez que conectas tu mente, tus palabras y tu corazón para manifestar lo que sientes, los resultados son mágicos porque ¡es ahí cuando realmente estás expresando tu más alto ser!

Decir la verdad y ser auténtico algunas veces es riesgoso porque puede causar conflicto; pero no hacerlo es aún más peligroso porque te mientes a ti misma y a los otros, además de olvidar tu verdad y respeto propio.

4. Todas definen el éxito de acuerdo con lo que han logrado o acumulado.

El éxito, igual que el amor, es un término difícil de explicar ya que para cada persona tiene un significado diferente.

Para una actriz, por ejemplo, es ganar un Óscar. Para una gordita, perder peso. Para una alpinista, subir a la cima del Ever-

> ¡Cuando sacrificas tu autenticidad, renuncias a tu felicidad!

est; mientras que para un carterista es sacar billeteras inadvertidamente.

Y para ti… ¿Qué es el éxito?

¿Tener un buen trabajo? ¿Ganar mucho dinero? ¿Encontrar tu príncipe azul? ¿Tener una hermosa familia y vivir en la casa de tus sueños? ¿Abrir tu propio negocio? ¿Lograr que tus hijos crezcan con la mejor educación? ¿Tener un cuerpo escultural y lucir como modelo?

Poseemos una tendencia a medir nuestro éxito con algo externo que nos causa satisfacción. Entonces sentimos que valemos mucho y somos **¡exi-to-sas!**

La naturaleza humana hace que deseemos más, sea por querer más amor, más salud, más dinero, más sabiduría, más fama o más belleza; sin embargo, pensar que tu éxito en la vida se define de acuerdo con tus logros o las pertenencias materiales que tengas, es la forma más fácil de robarte tu autoestima y sentirte fracasada.

Hay muchas mujeres a quienes catalogaríamos como "exitosas"; sin embargo ellas no se percibían de esta forma.

Un ejemplo fue la famosa, hermosa y adinerada Marilyn Monroe, quien lo tenía todo pero acabó en el suicidio. ¿Por qué una mujer con dinero, fama y belleza se sentiría fracasada, mientras que una mujer humilde como la Madre Teresa se sentía victoriosa?

Hay una creencia compartida por filósofos, sabios y líderes religiosos desde hace miles de años, en todas las grandes tradiciones espirituales, y declara:

"El éxito no se define de acuerdo con tus logros, sino en quién te has convertido".

Observa que la frase anterior no dice que el éxito se mida de acuerdo a tu profesión, la cantidad de dinero que ganas o cuantos viajes diste antes de morirte. La frase significa que si hoy tienes un día difícil en el trabajo o en tu hogar, y existe una

> "El éxito no se define de acuerdo con tus logros, sino en quién te has convertido".

persona a la que ya no le tienes paciencia y la trataste con más tolerancia y amor que en otras ocasiones, entonces fue un día exitoso porque creciste y te convertiste en un mejor ser humano.

Comienza a evaluar tu éxito basándote en cuánto aportas positivamente a la vida de otros. Mide tus logros de acuerdo con cuánto has crecido espiritualmente; si lo haces, podrás vivir sintiéndote realizada y feliz, porque habrás alcanzado el triunfo y puedes considerarte ¡una mujer exitosa!

Resumen

Todas mis descripciones estuvieron basadas en ese inconformismo que se respira en el ambiente femenino porque no hemos despertado a la idea de que somos **¡mujeres sin límites!**

En este capítulo clasifiqué a las mujeres en **cuatro** grupos según su personalidad y su actitud hacia la vida:

1) La Que-qui: es la "que-quisiera" tener todo, pero en vez de ocuparse de ella vive para complacer a otros y hacerle favores a todo el mundo.

2) La Yo-sí: es perfeccionista y quiere demostrar que sabe más que nadie y asegura con frecuencia: "yo-sí sé", "yo-sí hago", "yo sí-doy".

3) La Mista: es "confor-mista"; odia los cambios y no sale de su rutina por aferrarse a situaciones o cosas que no la dejan progresar.

4) La-más: es adicta a relaciones o situaciones y pisó fondo. Ha perdido el control de su vida. Se considera "la-más triste" y "la-más desesperada". Tiende a desarrollar conductas adictivas y vive en un drama constante.

Concluí que todas ellas tienen cuatro características en común que no las deja alcanzar su máximo potencial, resultado de su borrosa percepción de las situación, de apoyarse en sus excusas, de su dificultad para comunicar sus anhelos y deseos y de pensar que el éxito en su vida se encuentra en cosas exteriores en vez de su poder interno.

Después de todo, ¿sabes qué busca toda mujer, independientemente de la categoría en la que se encuentre? **Amor**... y lo más maravilloso es que ¡nosotras somos las fábricas mundiales de esa sustancia!

No importa lo que hayas hecho, dicho o escogido para ti en la infinita variedad de posibilidades de la vida, lo importante es que sabes que tienes otro día el cual te ofrece una nueva oportunidad para avanzar en ese camino hacia lo que todos los seres humanos buscamos: **¡Felicidad!**

Ejercicio:

1) ¿Con cuál o cuáles de las cuatro mujeres te identificaste?

_____
_____
_____

2) ¿Cuáles de sus comportamientos y características reflejas más?

_____
_____
_____
_____

3) ¿A que situación en tu vida te has acostumbrado y, como la rana, tu sexto sentido te dice que saltes?

_____
_____
_____
_____

4) ¿En qué momentos has dejado de expresar tu esencia y tus anhelos por miedo a la reacción de otros?

_____

_____

_____

_____

5) ¿Qué deseas comunicar y no lo has hecho?, y ¿a quién?

_____

_____

_____

_____

6) ¿Qué es el éxito para ti?

_____

_____

_____

_____

7) En una escala de 0-10, ¿cuán exitosa te calificas? Cero (0) significa "Soy una fracasada" y Diez (10) significa "Soy super exitosa".

0===1===2===3===4===5===6===7===8===9===10

8) ¿Qué tendría que sucederte para que pudieras calificarte con 10 en la pregunta anterior?

_____

_____

_____

Las cosas más bellas de la vida no se pueden ver ni tocar, sólo se pueden sentir con el corazón
-Helen Keller

5

¿Cuál es el propósito de tu vida?

¿Qué hago aquí?

A todos los seres humanos, **¡a todos!**, sin excluir a ninguno, les llega un momento en que se preguntan: ¿Qué se supone que vine a hacer a este mundo? ¿Cuál es mi propósito en este planeta Tierra? ¿Por qué estoy aquí?¿Hacia dónde voy? ¿Qué debo hacer con mi vida?

Desafortunadamente la gran mayoría contesta: **"¡Yo no sé!"**

Hay algunas personas que les toma una vida entera encontrar las respuestas a estas trascendentes preguntas y hay muchos que jamás las hallan. Si aún no has encontrado tu razón de vivir, en este capítulo voy a proporcionarte herramientas que te ayudarán a revelarlo.

Tus sueños escondidos

¿Recuerdas cuando eras niña? ¡Seguramente tenías muchos sueños! Un día querías ser actriz, doctora, bailarina, científica o abogada, y a la siguiente semana cambiabas de opinión y decidías convertirte en maestra, cantante, astronauta, modelo o veterinaria.

Recuerdo que todos mis sueños de la niñez, de una u otra manera, siempre involucraban a un auditorio. Una de mis primeras fantasías fue convertirme en Miss Universo. Me imaginaba vestida de traje largo con corona, caminando por la pasarela con una gran sonrisa, saludando con las manos y lanzando besos a un público que me aclamaba.

Cuando éramos niños nuestros deseos eran ilimitados y la imaginación no tenía fronteras. ¿Qué pasó con esos sueños? ¿Por qué dejamos de perseguirlos? ¿Cuándo desistimos de creer que era posible alcanzarlos?

De acuerdo con las experiencias que vamos viviendo, nos olvidamos de lo que habíamos anhelado, pero ¡hay que recordarlo! No me cabe duda que aún tienes sueños. Tener ilusiones es parte de la naturaleza humana y es una señal de que estás saludable. Independientemente de tu edad, educación, raza o posición social, se supone que debes tener sueños. Y quien diga que no los tiene, está mintiéndose a sí mismo ¡o está enfermo! Un ejemplo es alguien clínicamente deprimido. Estas personas se sienten sin esperanzas y por eso no tienen planes futuros.

De hecho, mientras más miedo te provoque un sueño, significa que más saludable estás. Por ejemplo, si siempre has tenido el gran anhelo de abrir tu propio negocio y te da pavor, significa que estás saludable porque quieres crecer y superarte.

La vida es un regalo con infinitas posibilidades. Tú naciste con las herramientas y las habilidades para escoger la opción que te haga más feliz. Quizá en estos tiempos yo no pueda convertirme en la próxima Miss Universo, y tú tampoco puedas ser la próxima astronauta que pisa la luna, pero posees un talento extraordinario que puedes aprovechar para alcanzar nuevos horizontes que sí son posibles para ti.

Reflexiona por un momento y te darás cuenta que tu sueño sigue latente. El problema es que ya no tienes la misma confianza que poseías cuando eras pequeña. Lo que ha sucedido es que has puesto a un lado tus anhelos para poder cumplir con otras responsabilidades que supuestamente son "más importantes", como la pareja, los hijos, la mamá, la suegra, la mascota, la amiga y el trabajo, para mencionar algunos.

Sin embargo, estas obligaciones no son impedimentos, más bien son ¡excusas! y si no estás convencida de ellos te recomiendo que regreses al capítulo 2

> La vida es un regalo con infinitas posibilidades.

donde te puedes identificar con los pretextos más populares que utilizamos las mujeres. Los pretextos te mantienen paralizada y obstruyen el camino hacia tus sueños. Además las excusas bloquean tu creatividad y no te permiten expresar tus talentos.

Los cuatro que descubren sus talentos

Cada persona nace con una virtud única, dicho de otra manera, el planeta tiene seis mil millones de habitantes y no existe nadie, **¡nadie!,** que pueda expresar tu talento de igual manera que lo manifiestas tú.

Todos vinimos a este mundo con un don especial, pero muy pocos llegan a reconocerlo. Aquellos afortunados que encuentran sus talentos, los descubren de cuatro maneras distintas: algunos lo saben desde una temprana edad, otros lo hallaron sin planearlo, hay quienes lo averiguan por medio de un trago amargo y muchos lo buscan arduamente hasta encontrarlo. A continuación te voy a relatar la historia de cada uno de ellos.

1) Los que ya lo saben. Son muy pocos los individuos que desde que nacen saben su misión en esta tierra. Para éstos está claro lo que harán con su vida y empiezan a desarrollar sus aptitudes desde pequeños.

Mi hermano Héctor es uno de ellos. Desde que tenía cinco años, se sentaba por horas en el piano que había en mi casa a tratar de inventar melodías. A los siete años ya tomaba clases y su maestra estaba sorprendida con su talento.

Cuando cumplió nueve años, segundos antes de soplar las velas del pastel, mi mamá se le acercó y le dijo que pidiera un deseo. Héctor levantó la vista y le dijo con una gran sonrisa: **"¡Quiero estudiar en el Conservatorio de Música!"**

Recuerdo que su pasatiempo favorito era escuchar a su ídolo, Papo Lucas, reconocido pianista de la orquesta "La Sonora Ponceña". Pasaba horas memorizando composiciones musicales y poco a poco aprendió todas las canciones de ese gran maestro.

El momento culminante en que Héctor decidió que continuaría sentado en un piano por el resto de su vida fue a los 15 años, en la fiesta de graduación de la escuela secundaria. El pianista de la orquesta que contrataron para amenizar el baile nunca llegó y cundió el pánico. Corrieron a pedirle a mi hermano que se subiera a la tarima. Inspirado en Papo Lucas se apoderó de los teclados y se convirtió en el héroe de la fiesta.

Después de esta hazaña, Héctor declaró que quería formar su propia orquesta. Mi papá no estaba de acuerdo en que fuera músico, pero la alcahueta de mi abuela le regaló un piano eléctrico para que pudiera practicar y llevárselo a todas partes.

Su primera banda se llamó "Innovación Latina". Nunca fueron contratados para tocar en ningún evento, pero sin cansancio ensayaban todas las semanas en el jardín de la casa.

Hoy en día mi hermano es dueño y director de una orquesta de música tropical que viaja internacionalmente y pone a bailar a miles de personas. Además es arreglista, compositor y tiene su propio estudio de grabación. Todos en la familia estamos muy orgullosos de él, incluyendo a mi papá.

Las personas como Héctor, que están en esta categoría, son los más afortunados porque descubrieron lo que les apasiona desde temprana edad y lo único que tienen que hacer es cultivar su talento.

2) **Los que nunca lo planean.** Esto les sucede a quienes sin intención de utilizar sus habilidades, se involucran en una situación, actividad o trabajo y se dan cuenta que les apasiona. Luego continúan expandiéndose dentro de ese campo y llegan a ocupar una posición en que se sienten plenos y satisfechos porque ponen en uso sus dones. Este es el caso de mi esposo Bill Marín. Desde que tenía 12 años su único sueño era jugar baloncesto profesional para la NBA (National Basketball Association).

Por horas jugaba en la cancha de su vecindario. Practicaba hasta que el sol se escondía y no podía ver la cesta. Tal fue su dedicación, que llegó a formar parte de los equipos de baloncesto de la escuela elemental, secundaria y en los años subsiguientes en la universidad. Cuando llegó el momento en que la NBA hizo el reclutamiento de los jugadores universitarios, la competencia era muy dura, ya que entre miles y miles de jóvenes de todas las universidades del mundo, solo escogían alrededor de cien jugadores.

Aunque Bill estaba en su mejor momento y dio lo mejor de él, no fue elegido. Se sintió triste, desilusionado y frustrado. Sin embargo, lo que no imaginó era que una nueva pasión estaba a punto de revelarse.

Bill había empezado a trabajar medio tiempo en una tienda de discos cerca de su casa para costear sus gastos. Allí empezó a familiarizarse con todo tipo de canciones y ritmos. Poco a poco se fue dando cuenta que la música le apasionaba.

> Lo único que tienes que hacer es cultivar tu talento.

En cuanto llegaba un nuevo disco a la tienda, lo escuchaba y podía predecir las canciones que llegarían a ser un hit, y cuáles discos se venderían más. Llegó a convertirse en "musicólogo", experto en cada género de música. Estando en la tienda llegó un nuevo sueño a su vida: trabajar en la industria disquera. Empezó promoviendo eventos especiales y un día organizó un concierto para Willie Colón y Eddie Palmieri (ganador de varios Grammy) y quien era uno de sus más grandes ídolos. En esta presentación estaba el presidente de la compañía para la cual Palmieri grababa. Este ejecutivo estaba buscando un representante de su música en el estado de California y le ofreció empleo.

Bill aceptó con gusto el trabajo y ésta fue la oportunidad que tanto esperaba. Esto le sirvió de trampolín para más tarde entrar a ser parte de la compañía de discos de música de salsa más reconocida: Fania Records. Su trabajo consistía en promover nuevos artistas y, como le fascinaba hacerlo, tuvo mucho éxito. Cuando adquirió la experiencia necesaria estableció su propia empresa.

El señor Marín llegó a convertirse en el promotor de discos independiente más solicitado en Estados Unidos dentro del mercado latino. Él pensaba que sólo tenía talento para los deportes y nunca imaginó que su verdadero don era ayudar a un artista a triunfar por medio de su música.

3) Los que pasan por un trago amargo. Estas personas encuentran su propósito en la vida después de experimentar una calamidad o desgracia que les sucedió directamente a ellos, a un familiar o un amigo. Es el caso, por ejemplo, de una madre que pierde a su hijo porque fue atropellado por un conductor embriagado. Este evento cambia dramáticamente el curso de su vida. Desde entonces se entrega apasionadamente a crear conciencia entre la juventud, para que eviten manejar bajo la influencia del alcohol o cualquier otra sustancia que altere los sentidos. Otro caso es el de la mujer a quien le descubren cáncer en el seno y sobrevive luego de batallar con esta enfermedad. Por medio de esta adversidad se da cuenta de que su llamado es salvar vidas. Lo que más disfruta es instruir a otras sobre este mal y alentarlas a que se examinen a tiempo.

En este grupo de **los que pasan por un trago amargo** también se encuentran los que descubren su misión a raíz de experimentar una tragedia social como la guerra o un desastre ecológico.

Así fue como mi amiga colombiana, Sofía Puerta, encontró su vocación. Ella estudió periodismo y terminando su carrera le asignaron una investigación sobre el cultivo de drogas ilícitas en el Amazonas. Vivió en la selva por más de un año. Una mañana se despertó con el ruido de unas avionetas que estaban fumigando desde el cielo un químico letal. Los ríos, los árboles, los animales y todas las criaturas en la selva estaban siendo contaminados.

Un día se estremeció cuando conoció un grupo de niños indígenas invadidos de llagas en la piel por este veneno. Sofía se horrorizó por lo que estaba sucediendo en este bosque tropical. Su consternación la impulsó a seguir investigando. Descubrió que por causa de la fumigación, el derramamiento de petróleo y la destrucción de los árboles, para el año 2080 la selva amazónica desaparecerá. Esta catástrofe puede acabar con la humanidad ya que esta área del planeta produce el 80 por ciento del oxígeno, alimento y materia prima que utilizamos para vivir. Desde entonces Sofía Puerta tomó la decisión de dedicar su vida a salvar el Amazonas de esta destrucción.

> Tú posees un talento especial para ayudar a los necesitados y dirigir proyectos en pro de la humanidad.

Hoy día es la creadora de un programa que visita colegios, museos y bibliotecas enseñando a los niños desde una temprana edad sobre esta zona del planeta. Ella crea conciencia en ellos y sus familias sobre el respeto hacia la madre tierra. "Con una pequeña acción le haces un favor al Amazonas: usa más las piernas que el carro, ahorra agua ¡y por favor recicla!", dice Sofia a todo aquel a quien conoce.

Los individuos incluidos en esta categoría, que han pasado por una situación trágica que altera sus vidas, son los más caritativos, humanitarios y desprendidos. Ellos poseen el arte de cuidar, y tienen un talento especial para ayudar a los necesitados y dirigir proyectos en pro de la humanidad. Es ahí donde encuentran su razón de vivir.

4) **Los que buscan muchas opciones.** Éste es el caso de la mayoría de los individuos que después de buscar, buscar y buscar, finalmente encuentran su pasión. María Marín pertenece a esta categoría. Yo sabía que tenía la capacidad para entretener. Ya mencioné que desde niña me encantaba estar en contacto con una audiencia y era muy popular porque tenía la habilidad de hacer reír por medio de mis chistes e imitaciones. ¡Pero éstos no son los atributos generalmente solicitados en los anuncios clasificados!

Como en aquel momento no tenía conocimiento de que mi verdadero talento es motivar a otros a creer en sí mismos, era difícil identificar el empleo en que pudiera usar mis virtudes. Entonces, para abrirme caminos probé muchas opciones laborales.

Todas de alguna forma involucraban el trato con el público; manejé restaurantes, fui maquilladora para una línea de cosméticos,

> Eres un diamante en bruto que se está puliendo.

trabajé como consejera para personas que querían perder peso, hice comedia, actué en obras teatrales y colaboré como coconductora en un programa de televisión.

Entre tanto, un día me invitaron a ser parte de un programa radial y empecé con un pequeño segmento de motivación para la mujer y por primera vez sentí que mi aporte hacía una diferencia. Desde ese momento empezó a crecer en mi corazón una semilla de fe y germinó la esperanza de que un día pudiera hacer algo parecido a gran escala, pero no sabía exactamente qué hacer. Así que continué en la búsqueda.

Finalmente conseguí un trabajo como conferencista, dictando cursos de negociación por todo el mundo. Este empleo me satisfacía enormemente, porque me permitía interactuar con una audiencia y enseñar estrategias para los negocios. Pero me di cuenta que lo que yo más anhelaba era marcar una diferencia en la vida personal de cada individuo.

Enfocada en la idea de motivar a otros, diseñé mis propios seminarios, produje el audiolibro *Secretos de la mujer segura* y empecé a escribir la columna "Mujer sin límite" para periódicos y revistas de habla hispana. Esto me condujo al mundo de la radio y la televisión. Lo que jamás me hubiera imaginado es que también tenía talento para escribir y producir. Ahora me doy cuenta que todas las opciones laborales que exploré me preparaban para la próxima oportunidad.

Si al igual que yo has tratado varias opciones laborales pero aún no has logrado encontrar cómo ni dónde expresar tus talentos, ¡no te preocupes! Eres un diamante en bruto que se está puliendo. Todas las experiencias que vives alimentan tu seguridad y son una herramienta necesaria para definir el propósito de tu vida.

En resumidas cuentas...

Estos cuatro individuos que acabamos de analizar tienen básicamente tres cosas en común.

- ✓ Están usando sus talentos para ser exitosos.
- ✓ Disfrutan a plenitud su trabajo y lo harían aunque no les pagaran.
- ✓ Y lo más importante: marcan una diferencia en la humanidad porque mejoran la vida de otros.

Todos están cumpliendo con su propósito, bien sea trabajando por la solución de un problema que afecta a muchos, inspirando a otros a brillar o creando un ambiente ameno que genera alegría y hace olvidar las penas.

Tú también viniste con una misión a este mundo. Afortunadamente Dios te proveyó con los talentos necesarios para que pudieras cumplirlo. Esto te hace diferente y extraordinaria, repito: ¡extraordinaria! Por ejemplo, quizá viniste a este mundo con un don para cocinar, y aunque haya muchos que también sean buenos cocineros, nadie puede preparar tus platillos de la misma forma que los guisas tú. Al mismo tiempo, habrá muchos con talento para cantar, pero nunca encontrarás a otra cantante con el mismo sabor de Celia Cruz. Por cada destreza que posees, el universo tiene una necesidad para la misma. En el momento en que enlazas tu habilidad con esa necesidad, te sucede lo siguiente: te llenas de energía y las horas pasan sin darte cuenta. Marcas una diferencia en la vida de otros. Te llega abundancia monetaria, porque trabajas con gran pasión y entusiasmo. Y lo más importante es que te sientes feliz porque encontraste el propósito de tu vida.

> Serás feliz cuando encuentres el propósito de tu vida.

Descontento laboral

De acuerdo con algunos estudios, ocho de cada diez personas se encuentran descontentas con su oficio. Éstas llegan de trabajar a la casa tan cansadas que sólo les quedan deseos de meterse en la cama, prender el televisor, comer helado, tomarse un traguito o fumarse un cigarro. Es imposible tener energía cuando no sientes regocijo.

El día tiene 24 horas, de ellas utilizamos alrededor de ocho para dormir. Restan 16, de las cuales ocho son para trabajar. Es decir, gastamos la mitad de la vida en un empleo, y las amas de casa ¡aún más!

Son demasiadas horas para ejercer algo que no disfrutas, especialmente si lo tienes que hacer diariamente. Es frustrante sentir que nuestras horas son invertidas en vano.

Tu espíritu se desgasta cuando haces cosas que no te gustan y se alimenta cuando desempeñas algo que disfrutas. Si estás infeliz con tu profesión, esto afectará otras áreas de tu vida, especialmente tus relaciones afectivas y tu salud.

El vacío que produce el descontento laboral no se llena con comida, alcohol o novelas ni con un novio nuevo. La solución está en descubrir tu vocación y emplear tu horas en algo que te apasione y te dé satisfacción.

Descubre tu vocación

Después de escribir una columna sobre lo importante que es **amar lo que haces**, recibí la carta de Francisco, un lector que me dijo: "Soy programador de computadoras, gano mucho dinero. No estoy descontento con mi profesión, pero mi frustración es que quisiera aportar un granito de arena para crear un mundo mejor ¡y con este oficio no siento lograrlo!"

Al igual que Francisco, la mayoría de los seres humanos desean contribuir positivamente en esta vida. Le digo a él, y a todos los que desean aportar al mejoramiento de este mundo: "No es con tu empleo que marcas una diferencia en esta tierra, ¡es con tu **vocación!**" Este concepto lo aprendí de la doctora Barbara De Angelis quien ha sido una gran inspiración en mi vida y su filosofía ha sido la fundación de mis enseñanzas. Muchos no saben la diferencia entre una **profesión** y una **vocación**. El **oficio, carrera, ocupación, empleo o profesión** es lo que haces para ganarte el sostén que permite mantenerte a ti y a tu familia. Esto puede ser trabajando como contador, secretaria, abogada, arquitecto, vendedora, arqueólogo, estilista o panadero.En cambio, tu **vocación** es el llamado con el que naciste. Dicho de otra manera, es la misión que viniste a cumplir en la tierra. Cuando la ejerces, sin duda, te colmas de felicidad, e iluminas tu espíritu y el de otros.

Por ejemplo, quizás te ganas la vida como vendedora, pero tu don especial es hacer reír a los demás con tu sentido del humor picaresco. Entonces, expresar ese arte es tu verdadera **vocación**. O tal vez trabajas como cajera en un banco, pero tienes la gracia de escuchar y aconsejar a otros. Por lo tanto, practicar esa virtud es tu **vocación**. Al final de tu vida serás recordada por tu **vocación** y no por tu profesión. Sin duda, Francisco no querrá dejar su huella en esta tierra únicamente como un gran programador de computadoras quien ganó mucho dinero. Estoy segura que desearía mucho más ser recordado así: **"Francisco fue un gran ser humano quien tenía la virtud de inspirar a otros y el arte de hacer sentir bien a todo el que lo rodeaba".**

Para ejercer tu **vocación** no tienes que ser político, escritor o ministro. Tampoco tienes que ir a la escuela y obtener un título. Solo tienes que reconocer cuál es tu talento especial y expresarlo. Si lo haces, ¡te garantizo que pondrás mucho más que "un granito de arena" para mejorar a la humanidad!

> Descubre tu vocación y emplea tus horas en algo que te apasione.

Cuando tus acciones te dan una inmensa satisfacción es porque estás realizando tu **vocación**. En ese momento te sientes mujer de provecho porque empleas tus capacidades y mejoras la vida de otros.

Independientemente de cuál sea tu profesión, el método más eficaz para descubrir tus talentos es identificar todo lo que te hace sentir feliz, satisfecho y útil. Aquello hacia donde se inclinen tus gustos es una manifestación de tu verdadera vocación en esta vida.

29 preguntas clave

Las siguientes preguntas están planeadas para ayudarte a ver con más claridad cuáles son las cosas, personas, actividades y situaciones que más placer y satisfacción te dan. Todo lo que te haga sentir plena siempre va a estar relacionado con tu propósito en la vida. Tómate un tiempo para pensar la respuesta a cada una.

1. ¿Qué actividades o situaciones te hacen sentir más feliz? (Ejemplo: visitar museos, ir a la playa, pasar tiempo en la biblioteca, hablar con una amiga, bailar, ir a un concierto, zoológico, compartir con X persona, cocinar para otros, conocer gente nueva.)

_____

_____

_____

_____

2. ¿Qué te vigoriza y hace que el tiempo pase volando? (Ejemplo: leer, enseñar, motivar, aconsejar, inspirar, escuchar música,

cocinar, decorar, escribir, aprender, diseñar, pintar, tocar guitarra, jugar con tu mascota, escalar, estudiar.)

_____

_____

_____

3. ¿En qué momentos de tu vida has sentido que has marcado una diferencia? (Ejemplo: trabajo voluntario, defendiste una causa, resolviste un problema, ayudaste a quien lo necesitaba, pasaste tiempo de calidad con tus hijos, emprendiste algo nuevo.)

_____

_____

_____

4. ¿Qué cualidades especiales posees que te hacen diferente y especial?(Ejemplo: perseverancia, paciencia, sensibilidad, determinación, habilidad de organizar, aconsejar, entretener, crear paz, cantar, hablar en público.)

_____

_____

_____

5. ¿Cuándo fue la última vez que te sentiste sumamente alegre? ¿Qué sucedió en ese momento?

_____

_____

_____

_____

6. ¿Cuáles son tus pasatiempos favoritos?

_____

_____

_____

7. ¿Qué trabajo harías aunque te pagaran muy poco?

_____

_____

_____

8. ¿Cuál sería la profesión de tus sueños? (Ejemplo: cantante, modelo, reportera, actriz, atleta profesional, diseñadora, motivadora, comediante, doctora, abogada, maestra, político, tu propio negocio de...)

_____

_____

_____

9. ¿A quién admiras y su vida te inspira? ¿Por qué?

_____

_____

_____

10. ¿La vida de qué familiar, amigo o conocido envidias? (En buena forma.)

_____

_____

_____

11. ¿Qué área de la librería te gusta visitar? (Ejemplo: salud, cocina, historia, novelas de ficción, biografías, religión, espiritualidad, autoayuda, relaciones, psicología, arte, negocios.)

_____

_____

_____

12. ¿Qué sección del periódico te atrae más? (Ejemplo: deportes, negocios, farándula, tiras cómicas, noticias mundiales, calendario de actividades, columna política.)

_____

_____

142 ∞ Mujer sin límite

13. ¿Qué tipo de revistas lees? (Ejemplo: política, hogar, moda, ciencia, relaciones, negocios, farándula, salud, deportes.)

_____

_____

_____

14. ¿Qué te deleita observar? (Ejemplo: flores, montañas, mar, niños, cascadas, puesta del sol, luna, nieve, arquitectura, prado, pinturas, antigüedades, animales, fogatas.)

_____

_____

_____

15. ¿Qué película de cine te marcó y te dejó un recuerdo? ¿Por qué?

_____

_____

_____

16. ¿Cuál es tu libro favorito? ¿Por qué?

_____

_____

_____

17. Cuando tratas con público, ¿qué tipo de persona te atrae? (Ejemplo: conservadora, chistosa, analítica, callada, emprendedora, extrovertida.)

_____

_____

_____

18. Si pudieras hacer un gran cambio positivo en tu vida, ¿cuál sería?

_____

_____

_____

19. Si tienes hijos o sobrinos, ¿en qué intereses o pasatiempos te gustaría que se involucraran?

_____

_____

_____

20. En el último mes, ¿en qué momento te sentiste segura y feliz?

_____

_____

_____

21. ¿Qué era lo que más disfrutabas hacer cuando niña?

_____

_____

_____

22. ¿Qué tema de conversación disfrutas? ¿De qué te gusta hablar? (Ejemplo: religión, política, farándula, sexo, hombres, moda, ciencia, cultura, negocios.)

_____

_____

_____

23. ¿Qué te emociona y entusiasma? (Ejemplo: viajar, bailar, estudiar, compartir con tu pareja, pasar tiempo con tu hijos, esquiar, pintar.)

_____

_____

_____

24. ¿Qué te mortifica? (Ejemplo: injusticias, tardanzas, impaciencia, vagancia, desorganización, altanerías, falta de cortesía.)

_____

_____

_____

25. ¿Qué te trae paz e ilumina tu espíritu? (Ejemplo: contemplar un paisaje, pasar tiempo con tus hijos, leer, nadar, amar.)

_____

_____

_____

26. Si tuvieras que irte a vivir a una isla desierta, ¿qué llevarías contigo? (Menciona cinco artículos.)

_____

_____

_____

27. Si tu casa se prendiera en llamas y sólo pudieras salvar un artículo, ¿qué rescatarías? (Ejemplo: fotos, computadora, cuadro, una joya, diploma, tu traje de novia.)

_____

_____

_____

28. ¿Qué virtud posees que no cambias por nada ni nadie? (Aunque te ofrecieran un caudal de dinero, o ser la más bella del mundo, no cambiarías esa virtud.)

_____

_____

_____

29. Pregúntale a tus familiares y amistades cercanas, las siguientes preguntas: ¿Qué me hace diferente a cualquier otra persona? ¿Qué cualidad poseo que me hace única? ¿Qué talento especial tengo?

_____

_____

_____

Luego de responder todas las preguntas, circula las palabras, temas, actividades o sentimientos y cualidades que se repitan o se relacionen. Determina si hay algún patrón en común. Fíjate en las cosas que te den más gozo y te llamen la atención. Cuando algo te guste y atraiga, presta mucho cuidado, porque eso es una pista que indica que serías buena aplicando tus habilidades en esa área. Aquello que te dé felicidad, va a ser afín con tu propósito en la vida.

Ejercicio

1) Con ayuda de las respuestas anteriores, haz una lista de las actividades, comportamientos y actitudes que más disfrutes hacer, y crea conciencia de ellas para que puedas incorporarlas en tu diario vivir y en tu empleo. De esta forma ejercerás diariamente tu **vocación**.

_____

_____

_____

2) Durante los próximos 30 días, carga una pequeña libreta contigo constantemente. Cada vez que te des cuenta que estás haciendo algo que te da placer, por más simple que sea, ¡apúntalo! (Ejemplo: Te alegró hablar con tu amiga, te gustó comprar los cuadros para decorar tu sala, te recreaste visitando algún lugar, disfrutaste sembrar una planta, te encantó mirar una película).

El trabajo perfecto

Mientras más consciente estés de las cosas que te gustan, más fácil es identificar tus talentos y habilidades. Una vez que reconozcas esas cualidades que te hacen única, estás preparada para enlazar tu **vocación** con una **profesión, carrera, empleo, oficio u ocupación.**

Hay quienes piensan que es imposible ganarse buen dinero mientras haces lo que más disfrutas; por eso se quedan descontentos en el mismo trabajo por años. Así pensaba Alicia, una vendedora que conocí en una tienda de ropa. Fui a comprarme un vestido para una conferencia de motivación que iba a realizar. Mientras me atendía le conté el propósito de mi compra y estaba encantada conmigo pues le causaba curiosidad el mundo de la superación personal. Entablamos una conversación muy sincera y me confesó que llevaba siete años vendiendo ropa para damas y deseaba hacer algo diferente.

—¿Por qué no buscas otro empleo? —le pregunté

—No creo que pueda hallar un trabajo mejor que éste —respondió desilusionada.

—¡Claro que puedes! —exclamé animándola.

—¿Trabajando en qué? —inquirió deseosa de escuchar una recomendación.

—¿Qué es lo que más disfrutas hacer y te hace olvidar las horas? —pregunté curiosa.

—Me fascina la lectura, me apasionan los libros —dijo con una sonrisa y un brillo especial en sus ojos.

—Entonces, debes buscar una ocupación relacionada con esa pasión —sugerí mientras me sonreía.

—¿Quién me va a pagar por leer un texto? —manifestó sarcástica y salió caminando como si mi sugerencia hubiera sido una locura.

—Si tu pasión son los libros, te garantizo que de alguna forma encontrarás una ocupación que se relacione con eso —le reiteré mientras la perseguía y añadí—. Sólo tienes que hacer tres cosas: investigar, buscar apoyo y, lo más importante, ¡tener fe!

Dieciocho meses más tarde recibí una carta de Alicia agradeciéndome el empuje y la motivación que le di. Finalmente enlazó su pasión precisamente con un empleo que consiste en leer guiones y hacer un resumen de los mismos. Con base en la sinopsis que hacen personas como ella, la industria del cine toma en consideración algunas obras para desarrollar películas. Me contó que ella leería estos guiones gratis, pero además le pagan muy bien por hacerlo. Su pasión la hace sentirse plena, realizada y segura.

Hay muchos casos como el de Alicia. Otro ejemplo es la historia de David. Leí un artículo muy interesante acerca de este joven residente de Texas, que también utilizó lo que más le fascinaba para ganarse la vida. Luego de quedarse sin trabajo y perder a su novia, David se encontraba desesperado, ¡sin amor y sin plata!

Lo que más le apasionaba era andar en bicicleta y hacer sopas. Nadie hubiera imaginado que era posible emprender un negocio relacionado con sopas y bicicletas; sin embargo, David lo hizo.

Con el corazón "partío" y su desesperación de conseguir dinero para pagar la renta, decidió cocinar un caldero grande de sopa y lo distribuyó en varios envases.

Se subió a su bicicleta y le llevó a sus amistades y familiares el sabroso caldo con un sobre que tenía una nota que decía "si te gusta la sopa vuelvo en un par de días para colectar diez dólares".

Cuando regresó por los sobres se llevó la sorpresa de que no sólo le habían dejado el dinero, sino que también le pedían nuevos encargos. Desde ese momento, la demanda por sus sopas fue creciendo a tal punto que tuvo que contratar a otros ciclistas para que fueran a entregar las órdenes a domicilio. Hoy día David tiene una lista que sobrepasa los dos mil clientes y alrededor de 60 empleados trabajando en bicicletas. Su empresa se llama "Sopa en Ruedas".

Las historias de David y Alicia muestran que aquello que más adores hacer es precisamente donde tus habilidades serán bien recibidas. Si te lo propones, siempre encontrarás un trabajo en el que puedas emplear tus virtudes.

Si, por ejemplo, te encantan los animales, entonces serías buenísima para atender en un zoológico, una clínica para animales o un refugio que los proteja. También disfrutarías trabajar en una tienda de mascotas, una peluquería de cachorros, o tal vez pasear los perritos de las personas adineradas. Y a quienes les apasiona motivar igual que yo, pueden lograrlo siendo entrenadores de un equipo, consejeros familiares, activistas, sacerdotes o maestros.

Yo he tenido el privilegio de emplear mis talentos y ejercer mi vocación por medio de la escritura y un micrófono. Y por eso me siento afortunada y doy gracias todos los días.

La receta

Para encontrar una carrera u oficio que te apasione, donde puedas manifestar tus habilidades, es vital seguir estos tres pasos:

Paso 1) Infórmate. Lee, averigua e investiga todo lo que puedas sobre aquello que te interesa desarrollar. Por ejemplo, si te has dado cuenta que tus gustos se inclinan hacia la moda, indaga sobre todas las ramas que conciernen a este campo.

Busca información relacionada con diseño, maquillaje, estética, costura. Al ampliar tus conocimientos y obtener más detalles de esta profesión, te das cuenta que hay muchas más opciones disponibles de lo que imaginabas. Para cada talento que posees existe una infinidad de situaciones donde puedes emplearlo.

Quizá descubras que, dentro de ese mercado, serías perfecta para trabajar en una revista de moda. También podrías estar encargada del vestuario en un programa de televisión. Incluso puedes considerar volverte diseñadora, maquilladora, estilista o asesora de moda para algún artista.

Relaciónate con gente involucrada en el campo al que quieres entrar y formúlale preguntas. No tengas miedo de hacerlo. Te aseguro que a la mayoría de las personas triunfadoras les deleita compartir cómo fue que ellos alcanzaron sus metas.

He aquí cinco preguntas que puedes hacerle a quien esté desempañando lo que tu quieres hacer.

1) Si usted tuviera que volver a empezar, ¿qué haría diferente?
2) ¿Cómo entró y se desarrolló en este campo?
3) ¿Qué destrezas debo desarrollar para superarme?
4) ¿Qué cosas **no** debo hacer?
5) ¿Qué es lo que más disfruta de su carrera?

Paso 2) Busca ayuda. No importa cuán independiente seas, vas a necesitar apoyo. Todo individuo exitoso logró triunfar con la colaboración de otros. Indudablemente alguien creyó en él o ella y los asistió. Es imposible hacerlo solo.

Puedes comenzar por tu cuenta, pero inevitablemente habrá situaciones donde encuentres gente que te envidie o te desanime. En esos momentos pierdes la confianza y dices: "yo no puedo hacerlo", "estoy perdiendo mi tiempo", "soy un fracaso", es ahí cuando necesitas a tu alrededor aquellos que te aprecian y creen en ti.

Este sostén lo debes buscar en una amistad, familiar o socio en quien confías y al que respetas. Cuéntale tus deseos, planes, miedos y retos. Y cuando sientas que te falta seguridad en ti misma, busca apoyo en esa persona.

Así como un entrenador grita desde el banquillo a sus jugadores para animarlos, tu también necesitas de alguien que te aplauda y te diga: ¡Claro que puedes! ¡Adelante! ¡No te venzas! ¡Si otros lo han logrado, tú también puedes! ¡Tienes un gran talento! ¡Yo creo en ti!

Paso 3) Ten fe. Fíjate que en éste y todos los capítulos anteriores, hablo de la fe, ella es "mi mejor amiga" y la causante de todas las bendiciones que me rodean. Así que ésta no es la primera, ni la última vez, que voy a mencionarla.

Una vez que has recopilado varias pistas acerca de tus intereses y gustos, ¡es hora de proceder! No esperes a saber cabal y concretamente cuál es tu misión en la vida para entonces cumplir tus metas. Eso es como si desearas cocinar arroz con pollo por primera vez y no tuvieras una receta con las medidas exactas de agua, sal, comino, pimienta, cebolla y cilantro, y no te atrevieras a intentarlo.

¡Ten fe!, aunque no sepas cómo te va quedar... **¡inténtalo!** Tal vez resulte delicioso.

Tampoco esperes a que alguien se acerque y te diga: "Creo que tu propósito es **tal cosa**". Nadie puede revelártelo, es un proceso gradual de ir descubriendo poco a poco las cosas que te dan placer y te apasionan. Cuando empiezas a hacer algo acerca de tus talentos, se empiezan a abrir puertas y llegan oportunidades inesperadas.

Actúa con fe. Esto significa que vas a enfrentar nuevos retos aunque no tengas idea de cual será el resultado. Tienes que estar dispuesta a probar diferentes opciones laborales. Si más tarde te das cuenta que algo no te gusta, ¡puedes cambiarlo! Lo importante es comenzar. Nada te dará más claridad acerca de tu misión, que actuar y probar.

Sé que habrá quienes han tratado muchos empleos y dicen: "¿Tratar otra cosa más? ¿Y si me aburro igual que las veces anteriores?" Pues si te aburres, **¡déjalo!** y sigue tratando. Dejar algo no significa fracasar. ¡Dejar de intentar es fracasar! Ahora, aconsejo que trates una ocupación por lo menos seis meses antes de rendirte.

Debes estar dispuesta a cometer muchos errores y fracasar varias veces. Ya te conté que antes de hacer la labor que desempeño ahora, tuve muchísimos trabajos. Si no fuera por todas las opciones que traté, hoy día no estarías leyendo este libro. Cada intento me abrió la puerta para una mejor oportunidad.

Resumen

Antes de escribir este capítulo me di cuenta que realmente podía resumir esta sección del libro en una sola palabra. Pensé en decirla antes de comenzar toda mi explicación. Pero reflexioné y decidí explicar antes de ir al grano. Ahora lo haré:

El propósito de tu vida es ser feliz, ¡así de sencillo! Lo repito: El propósito de tu vida es ser feliz, y el único camino para llegar a la felicidad es... **¡dar!**

Sé que hay muchos que al leer esta declaración dirán: "¿Para ser feliz tengo que dar? ¿Dar qué? ¡Apenas tengo para mí!" La palabra **dar** puede asustar y hasta alejar a muchos. Precisamente por esa razón no lo expliqué cuando empecé. Pensamos que si damos sufriremos de escasez; por ende, seremos infelices.

Hemos llegado a creer que la felicidad se encuentra en recibir, en vez de dar. "Cuando **reciba** la admiración de otros seré feliz", "cuando **adquiera** un auto nuevo seré feliz", "cuando **acumule** mucho dinero en el banco seré feliz", "cuando **obtenga** un buen trabajo seré feliz". Esta es la trampa más grande en la que hemos caído.

La satisfacción más grande que existe está en dar. Reflexiona por unos instantes en aquellas situaciones donde más dichosa te hayas sentido. Te garantizo que en ese momento estabas dando algo. Bien fuera que ofrecías tu tiempo, demostrabas tu amor, compartías tus conocimientos, entregabas un obsequio o expresabas tus talentos, sin duda sentiste gran placer. Pero nos han hecho creer que vivimos en un mundo de recursos limitados, cuando no es así. El Universo fue creado por un ser eterno e infinito. Por lo tanto, la abundancia material y espiritual no se acaba nunca.

Tu riqueza más grande son tus talentos ¡y te sobran! Reconoce tus virtudes, dáselas al mundo y sin duda serás feliz, **¡ése es tu propósito en la vida!**

> *No es fácil encontrar la felicidad dentro de uno, pero es imposible encontrarla en otro lado*
>
> *-Agnes Repplier*

6

La Ley de la Atracción

Tras la lectura de los capítulos anteriores estoy segura que te identificaste con las **excusas** más comunes que usamos, aprendiste sobre tus **miedos**, reconociste qué **tipo de mujer eres**, seguramente hiciste un **compromiso** y, sin dudas, tienes una mejor idea de cuál es **tu propósito en la vida**. Toda la información que he compartido contigo es vital para generar en ti la confianza necesaria que te motive a realizar cambios que mejoren la calidad de tu vida. Sin embargo es imprescindible que apliques lo que voy a compartir contigo en esta sección para que puedas sacarle máximo provecho a lo que has aprendido hasta el momento en este libro.

La información que vas a descubrir aquí garantiza atraer a tu vida todo lo que quieras y necesites: amor, dinero, salud, paz espiritual, fama o fortuna. No existe **nada** que no puedas conseguir.

Lo que voy a contarte es un principio universal que ha sido relatado durante miles de años. Religiones como el cristianismo, hinduismo, budismo, judaísmo e islamismo, y civilizaciones como la antigua babilonia y los egipcios lo revelaron por medio de sus historias orales y escritas. Lo que más te emocionará es saber lo increíblemente fácil que es poner en práctica esta revelación. Además, ¡puedes aplicarla hoy mismo!

En el pasado hubo muchos líderes que poseían esta valiosa información, pero la guardaban celosamente para protegerla y que no cayera en las manos del público. La ocultaban para mantener a la gente ignorante y tener control sobre ella.

A pesar de esto, según han pasado los años, cada vez hay más personas que revelan esta enseñanza, como ahora yo voy a hacerlo. No obstante, todavía faltan demasiados por enterarse. No es casualidad que solamente el 1% de la población mundial posea alrededor del 96% de todo el dinero que existe en el mundo.

Espero que tú también propagues esta enseñanza. No me refiero a que te subas a una tarima a explicarlo a un auditorio, más bien que sea tu ejemplo lo que inspire a otros a practicarlo.

Mientras lees este capítulo llegará un momento en el que se encenderá un foco en tu cabeza y exclamarás: **"¡Ahora entiendo!"**

Esto puede sucederte en la próxima página, o tal vez en la última oración del libro. Lo importante es que cuando ocurra, pares de leer y en ese instante te dirijas al espejo más cercano que encuentres y mirándote a los ojos digas: "¡Descubrí el secreto de la vida!"

Precisamente éstas fueron las palabras que yo exclamé hace años después de leer: *Piense y hágase rico*, de Napoleón Hill, quien ha sido unos de los principales maestros encargados de destapar la fórmula del éxito. Napoleón Hill decía: "...me parece que usted tiene el derecho de saber que cuando las riquezas empiecen a llegar, vendrán tan rápidamente y con tanta abundancia que se preguntará dónde habían estado escondidas en los años de escasez". Lo que aprendí gracias a este autor cambió la forma en que comencé a dirigir mis pensamientos. Desde ese momento me dediqué a investigar profundamente acerca del fascinante mundo de la mente.

Y como la mente es tan poderosa, que atrae lo que más necesitas y deseas, poco a poco fueron llegando a mis manos otros textos y referencias que expandieron mi conocimiento en este campo. Una producción de Rhonda Byrne, titulada *El Secreto*, popularizó este principio y lo explicó de forma muy atractiva. Ella también asegura que los maestros más sobresalientes de todos los tiempos sabían esta enseñanza. Poetas como William Shakespeare lo manifestaron en sus obras literarias; músicos como Beethoven lo expresaron por medio de sus melodías; artistas como Leonardo da Vinci lo plasmaron en sus pinturas, y filósofos como Sócrates lo explicaron en sus declaraciones y escritos. Finalmente me di cuenta que la religión, la ciencia y la filosofía se daban un apretón de manos al ponerse de acuerdo en esta verdad indiscutible, que trasciende todos los campos de la vida y que orgullosamente comparto en estas líneas contigo.

La revelación

El Universo se rige por leyes naturales, absolutas y omnipotentes, comprobadas y aceptadas por la comunidad científica, las cuales aplicarán siempre porque son eternas e incambiables. Una de ellas es, por ejemplo, la ley de la gravedad. Esta ley es responsable de los movimientos a gran escala en el Universo y hace que los planetas sigan órbitas alrededor del Sol. También explica por qué cuando lanzas un objeto hacia arriba indiscutiblemente vuelve a caer.

De todas las leyes naturales, la más poderosa es **la Ley de la Atracción, que dice que atraerás hacia a ti todo aquello en lo que te enfoques y prestes atención, sea bueno o malo. Esta ley no se da cuenta de lo que te conviene o no, de lo que deseas o no, actúa como un imán de tus pensamientos.**

¿Alguna vez te ha sucedido que estás preocupada por alguien y repentinamente recibes una llamada de esa persona?, ¿o quizás te estabas acordando de una amistad e inesperadamente te la encuentras en la calle?, ¿o tal vez habías estado pensando en algo que necesitabas y súbitamente llega alguien a ofrecerte eso que tanto deseabas?

Todas estas situaciones son evidencias de la Ley de la Atracción.

Frases como: "¡Qué casualidad!", "¡Pura coincidencia!", "¡Qué mala suerte!", "¡Qué buena suerte!", "¡Surgió de la nada!", "¡Fue el destino!", "¡Qué milagro!", realmente hacen referencia al magnetismo de tus pensamientos.

Todo lo que te rodea: tu auto, tu pareja, tu empleo, tu casa, tus amistades y hasta tus deudas, los atrajiste por medio de tus pensamientos, los cuales actúan como un magneto.

En lo que más pienses… ¡eso precisamente aparecerá en tu vida!

Los pensamientos que ocupan tu mente en este momento están creando tu futuro y la situación actual que vives es el resultado de todos los pensamientos que tuviste en el pasado.

La Ley de la Atracción ordena que todo atraiga a su igual. Cada uno de tus pensamientos envía una vibración al universo que estimula y atrae todo lo que esté vibrando similarmente.

El diccionario define la palabra *vibración* como "un temblor rápido". Muchos creen que únicamente el sonido produce vibración, pero no es así, **¡todo vibra!**

El poder de los pensamientos

Tus pensamientos tienen una frecuencia que se puede medir al igual que las ondas del sonido. En otras palabras, en un laboratorio te puedes conectar unos cables en la cabeza y en una pantalla podrías ver una gráfica del movimiento de la mente, de acuerdo con lo que estés pensando. Yo sé que es difícil aceptar la idea de que un pensamiento se materialice y hasta se pueda tocar. Compáralo con el aire. que aunque no puedes verlo, sabes que lo respiras, y cuando inflas un globo te das cuenta de que eso que no ves ocupa un espacio y adquiere una forma.

Los pensamientos emiten ondas que viajan en muchas direcciones. Puedes entender la trayectoria de un pensamiento si lo comparas con las ondas que se forman en un lago quieto cuando lanzas una piedra. La fuerza del objeto, al tocar el agua, produce un movimiento que se expande. Lo mismo sucede con tus pensamientos. Las vibraciones de tus pensamientos poseen la facultad de entrar en sintonía con otras ondas similares, sin importar la distancia.

Tú atraes a tu vida situaciones, personas y circunstancias que están en la misma frecuencia con los pensamientos que están dominando tu mente. Es por esto que las personas negativas atraen negatividad y los que son positivos atraen prosperidad.

Asegúrate que las emociones positivas constituyan la influencia dominante de tu mente. Sólo existen **dos** clases de vibraciones: positiva y negativa. Cada sentimiento y estado de ánimo hace que emitas uno de estos dos tipos de ondas. Es imposible emitir ambas a la vez.

Piensa en una palabra que describa cualquier sentimiento y te darás cuenta que indudablemente pertenece a una de estas dos categorías: positiva o negativa. Por ejemplo, piensa en la palabra rencor, ¿a qué vibración pertenece? Obviamente a la negativa. Ahora medita en la palabra esperanza ¿Cuál es la vibración que te produce? Indiscutiblemente positiva.

Vivimos en un mundo "vibratorio". En todo momento estás enviando y recibiendo vibraciones. Acaso no te ha sucedido que conoces a alguien y dices: "Esta persona me hace sentir incómoda y ni siquiera la conozco". Eso significa que captaste su vibración negativa, la cual conectó inmediatamente con alguna que tú también emitiste.

Cuando tus pensamientos son de miedo, celos, odio, resentimiento, culpabilidad, venganza, codicia o amargura, éstos hacen que envíes vibraciones negativas al Universo, las cuales atraerán todo aquello que oscile de la misma forma. Exactamente lo mismo ocurre cuando tus pensamientos son de amor, romance, fe, alegría, compasión, sexo, esperanza y entusiasmo, ¡automáticamente atraes lo mismo!

Teniendo en cuenta que las vibraciones van a reflejarse en tu salud física, mental, espiritual y hasta en el dinero que tengas en tu bolsillo, te pregunto: ¿Qué tipo de vibraciones te conviene más emitir?

> Asegúrate que las emociones positivas constituyan la influencia dominante de tu mente.

Vibraciones positivas

Tú eres la causante de todos los resultados en tu vida. Todas las experiencias que vives te llegan porque la Ley de la Atracción está respondiendo a los pensamientos que estás ofreciendo al Universo.

Todo esto quizá suene un poco complejo, esotérico o metafísico, no obstante quiero hacer hincapié en que lo que estoy compartiendo contigo está basado en la física cuántica. Ésta es la ciencia que investiga el comportamiento de la materia a una escala muy pequeña, o sea, es la rama de la física que estudia los átomos. No profundizaré en detalles científicos porque no quiero complicar tu lectura. Sin embargo, debo explicarte que tú eres una masa compuesta por billones y billones de átomos y si estudiaras uno de ellos, te darías cuenta de que eres una composición de energía en movimiento muy acelerado.

Te reitero que los impulsos emitidos por tus pensamientos y tus emociones producen una vibración positiva o negativa en cada uno de tus átomos. Tan sólo uno de ellos tiene un poder impresionante; los científicos aseguran que la energía de un solo átomo, produce la descarga necesaria para encender las luces de una ciudad entera. ¿¡Te imaginas cuán poderosa eres!?

Nadie se escapa de la Ley de la Atracción. Todo aquello en lo que te enfoques lo atraerás a ti sin cesar, sea bueno o malo, ¡lo quieras o no!

Hay quienes se preguntan por qué siguen atrayendo situaciones negativas una y otra vez. Éstos aseguran que no están pensando negativamente; sin embargo, experiencias desagradables se siguen presentando en sus vidas.

Hay mujeres que se quejan porque siempre atraen a hombres que no les convienen, ya sea porque son "infieles", "están en bancarrota" o son "buenos para nada".

Un ejemplo es mi amiga bibliotecaria Beatriz, una mujer extraordinaria y con mucho que ofrecer.

Ella dice que por alguna razón siempre se enamora del "personaje equivocado". Su principal problema, según ella, "es que sólo atrae a hombres casados" y por eso todavía no ha encontrado una relación que le convenga.

Cuando cumplió 40 años, nos invitó a varias amigas a pasar un fin de semana en Cabo San Lucas, México. Estábamos en la recepción del hotel listas para registrarnos y recibir las llaves de nuestras habitaciones.

—Este fin de semana seguro que Beatriz encuentra marido —dijo Laura, quien la conoce desde la niñez.

—Por mí no se preocupen, ¡olvídense de buscarme novio! Me he dado cuenta que no hay hombres disponibles allá afuera —dijo con resignación.

—Siempre hay esperanzas —afirmé alentándola.

—El problema radica en la escasez del sexo masculino. Los hombres son como los estacionamientos de incapacitados, no hay muchos, ¡y los pocos que encuentras ya están tomados! —dijo con mucha seguridad y todas nos reímos.

—Seguro que en este hotel encontramos tu regalo de cumpleaños. Un hombre que le guste sacar libros de la biblioteca diariamente —dijo Laura jocosamente.

—Con mi suerte… yo sólo atraigo a hombres casados, ¡soy como un imán para ellos! —expresó con seguridad.

Cuando pronunció estas palabras inmediatamente apareció por la puerta un hombre muy guapo, que nos hizo un saludo coqueto y concentró su mirada en nosotras.

—¿Qué hacen tantas mujeres hermosas reunidas en un mismo lugar? —preguntó curiosamente mientras se acercaba a la recepción.

—Estamos celebrando el cumpleaños de Beatriz —dije, señalando a la cumpleañera.

—Eso merece brindar con una copa de champaña —acentuó mirando fijamente a Beatriz, quien sonrió de oreja a oreja ante esta propuesta.

Este caballero buscó en su bolsillo una de sus tarjetas personales, escribió un número de teléfono y se la extendió a la festejada. Cuando el hombre se retiró todas dijimos en coro: ¡Que buen mozo este tipo!

Al otro día, cuando bajamos a la piscina nos encontramos con la sorpresa de que este caballero estaba acompañado por una dama. En esta ocasión exhibía su anillo de matrimonio y fingió no acodarse de nosotras.

—¡Yo sabía! estoy destinada a que esto pase... No vamos a encontrar hombres solteros aquí, ¡vinimos a descansar y a celebrar! —comentó Beatriz resignada.

Este incidente ¡no fue causalidad! Beatriz no se da cuenta que continuamente esta pidiéndole al Universo lo que ella **no** quiere. Sus pensamientos dicen: "Soy un imán para los hombres casados" y esa vibración es como un anuncio que lleva en la frente.

La Ley de la Atracción es como hacer una orden en un restaurante. Si tú pides "arroz con pollo", indudablemente eso te servirán. Así trabaja el Universo, si dices: "Yo nunca voy a encontrar un buen hombre", acabas de poner tu orden y eso precisamente recibirás. ¡Esta ley es muy obediente!

Si no encuentras pareja, probablemente has estado pensando: "No quiero estar sola", y en ese instante envías vibras de soledad y por eso no atraes compañía.

Por ejemplo, si tienes sobrepeso, seguramente piensas: "¡No quiero ser gorda!", y en ese momento emanas vibraciones de insatisfacción con tu cuerpo. Entonces atraes circunstancias que te hacen permanecer en ese estado y no puedes rebajar.

Otra situación puede ser cuando ves tu monedero vacío. Cuando lo adviertes, sientes carencia y envías una vibración de escasez, y aunque no lo haces a propósito, la Ley de la Atracción sencillamente responde a la vibración que estás enviando y atraes más de lo mismo. Si no estás feliz con lo que tienes a tu alrededor; sea tu situación financiera, tus relaciones personales o estado físico, es porque sin darte cuenta haz estado pensando en lo que **no** quieres y eso es justamente lo que sigues atrayendo.

La Ley de la Atracción responde a tus vibraciones y no juzga si es benéfico o no lo que te provee, sencillamente cumple tus órdenes.

Cambia tus vibraciones

En este momento ya sabes que ¡tu vida depende de tus pensamientos!, y quizá estás alarmada al darte cuenta de todos los pensamientos negativos que tienes o has tenido, pero no debes enfocarte en esto porque entonces atraerás más de ellos.

Tampoco tienes que percatarte de cada pensamiento que llega a tu mente pues, según lo expertos, diariamente tenemos más de 60 mil pensamientos, de tal forma que sería imposible identificar cada uno.

El método que te recomiendo utilizar para que tu mente sólo albergue pensamientos positivos es que de ahora en adelante prestes mucha atención a tus emociones, porque éstas a su vez reflejan lo que estás pensando. **Tus pensamientos crean tus emociones, y tus emociones crean tus vibraciones.**

Por eso cuando estás disgustado o infeliz te encuentras en una frecuencia negativa e inconscientemente atraes más negatividad. Al mismo tiempo, cuando te sientes dichoso, estás invocando a la Ley de la Atracción para que te traiga prosperidad y fortuna a tu vida.

Entonces la pregunta que te hago es: ¿Cómo te sientes? De acuerdo con la forma en que te sientas, dependerá lo que estás atrayendo. Por eso es vital que experimentes sentimientos de bienestar, ya que éstos mandarán un llamado al Universo, el cual responderá con más de lo mismo.

No es casualidad que quienes se pasan hablando de buena salud están saludables y quienes se quejan de enfermedades siempre están enfermos. Seguramente conoces a alguien así, que cuando le preguntas, "¿Cómo te va?", te responde: "Más o menos, no quiero enfermarme pero creo que me va a pegar una gripa". Al cabo de dos semanas te lo vuelves a encontrar y le dices: "¿Cómo has seguido, te sientes mejor?", y esta vez te responde: "Más o menos, ya me pego una gripa y creo que me va a dar otra".

> Tus pensamientos crean tus emociones, y tus emociones crean tus vibraciones.

Tú recibes exactamente lo que sientes pues el Universo responde a la vibración de tus sentimientos. Tienes el poder de sentirte bien todo el tiempo porque tú escoges tus pensamientos. Entonces, **ahora mismo** comienza a sentirte millonario, saludable y rodeado de amor, aunque no lo tengas. El Universo responderá al sentimiento interior que tienes y manifestará lo que estás sintiendo.

Tu realidad es una reacción en cadena de lo que piensas, sientes y hablas. Las situaciones negativas que hay en tu vida llegaron a causa de tus **vibraciones** negativas, las cuales vienen de tus **pensamientos** negativos, alimentados por tus **palabras** negativas. De la misma manera las situaciones positivas que hay en tu vida, llegaron a causa de tus **vibraciones** positivas, las cuales vienen de tus **pensamientos** positivos, alimentados por tus **palabras** positivas.

El poder de las palabras

Una vez participé en un seminario presentado por Michael J. Lossier quien es experto enseñando la Ley de la Atracción. En su conferencia enseña que la Ley de la Atracción no sabe computarizar la palabra no. Más bien asimila tus **sentimientos de negación**.

Cuando dices: "No quiero estar enfermo", procesa: "Quiero estar enfermo" y cuando expresas "No quiero estar sola", procesa: "Quiero estar sola". O sea, la Ley de la Atracción no escucha tus palabras, sino que responde a tus sentimientos, y como es una ley muy obediente, te traerá lo que le estás pidiendo con tus vibraciones. Si te digo en este momento: "No pienses en el sol, por favor, ¡no pienses en el sol!", te garantizo que en este momento estás pensando en el sol y para cuando acabes de leer esta oración todavía tendrás el resplandor en tu mente. Sin embargo, la instrucción que te di fue de **no** hacerlo, pero inconscientemente tu mente omitió la palabra "no".

> Tu realidad es una reacción en cadena de lo que piensas, sientes y hablas

Esta ley responde al igual que tu mente. Cuando haces declaraciones de negación omite el **no** y sólo capta tu vibración.

A continuación te muestro algunos ejemplos:

Tus palabras	-pero-	La vibración que emites
No quiero llegar tarde		Quiero llegar tarde
No quiero que me lastimen		Quiero que me lastimen
No quiero perder clientes		Quiero perder clientes
No quiero preocuparme		Quiero preocuparme
No quiero conflictos		Quiero conflictos
No quiero ser pobre		Quiero ser pobre
No quiero estar atrapado		Quiero estar atrapado

Cada vez que piensas y expresas lo que **no** deseas estas poniendo tu atención, enfoque y energía en ello y por lo tanto eso es lo que atraes.

¿Qué quieres?

En vez de enfocarte en lo que **no** quieres, debes declarar lo que sí anhelas. Aquí la clave es preguntarte: ¿Qué quiero? La respuesta a esta pregunta forma un nuevo mensaje que automáticamente cambia tu vibración.

A continuación te darás cuenta que cuando alteras tus palabras, tu vibración cambia.

Declaracion negativa	-¿qué quiero?-	Declaracion positiva
No quiero llegar tarde		Quiero llegar a tiempo
No quiero que me lastimen		Quiero que me estimen
No quiero perder clientes		Quiero expandir mi negocio
No quiero preocuparme		Quiero tranquilidad
No quiero conflictos		Quiero paz

No quiero ser pobre	Quiero ser acaudalado
No quiero estar atrapado	Quiero libertad
No quiero sentirme triste	Quiero estar alegre
No quiero enfermarme	Quiero tener buena salud

Cambia tu vocabulario cuando hables contigo mismo y cuando te dirijas a otros. En vez de decirle a tu hijo "¡No quiero que grites!", dile: "¡Quiero que mantengas la calma!" En vez de decirle a tu pareja "no quiero pelear contigo", dile: "Quiero que haya armonía entre nosotros".

Te aseguro que este cambio en tu petición transformará el comportamiento de la otra persona, pues en vez de imponerle que esconda sus imperfecciones, lo estarás inspirando a demostrar su divinidad.

¿Que hubiera pasado si algunos de los Diez Mandamientos de Moisés hubieran sido expresados en frases positivas?

En vez de decir	Mejor dijéramos
No matarás	Valorarás la vida
No cometas actos impuros	Actuarás con transparencia
No robarás	Respetarás los bienes ajenos
No levantarás falsos testimonios ni mentirás	Hablarás la verdad y serás leal
No consentirás pensamientos ni deseos impuros	Tendrás pensamientos positivos
No desearás la mujer de tu prójimo	Honrarás la mujer de tu prójimo

Quiero aclarar que bajo ninguna circunstancia estoy culpando a Moisés de todos los crímenes, robos, infidelidades o calumnias que existen en la humanidad. Sólo quiero destacar que es más fácil motivar a un ser humano a hacer el bien, con peticiones fundadas en la fe y el amor, que con declaraciones basadas en el miedo o el odio.

Cómo aplicar la ley de la atracción

Existen tres pasos esenciales para que puedas atraer a tu vida todo lo que desees: Pedir, creer y agradecer.

Antes de aplicarlos debes estar muy clara en lo que deseas. Esto parece sencillo, pero muchas personas son eficaces para reconocer lo que no quieren, pero terriblemente ineficientes para identificar lo que realmente anhelan. Esta sección te ayudará a analizar con claridad lo que en verdad quieres.

La razón por la cual se dificulta reconocer lo que deseas es porque quizá pierdes tu preciado tiempo comparándote con otros y enfocándote en lo que no posees, ¡en vez de fijarte en todas las bendiciones que sí tienes! Por ejemplo: si te pido que hagas una lista de los atributos físicos que más te gustan de ti, probablemente me darás un listado de dos aspectos ¡o menos! Sin embargo, si te pido que menciones lo que te desagrada, seguramente me proveerás con una lista más larga que la que haces antes de ir al supermercado cuando tu refrigerador está vacío.

Una poderosa forma de estar completamente claro en lo que quieres, es **"observar lo que no quieres"**.

Seguramente vas a decir, "¡Pero María, has estado recalcando que no preste atención a las cosas que no quiero!" Bien, tienes toda la razón, pero **"observar lo que no quieres"** te dará aun más claridad.

Tampoco estoy diciendo que te enfoques en lo que no quieres, sólo digo que **analices brevemente** lo que no te satisface para que puedas realzar lo que realmente deseas y más te conviene.

Supongamos que te encuentras en un trabajo en el que no estás contenta. Observa todas las cosas que no te gustan de ese empleo y esto te ayuda a establecer tus preferencias para que tengas mayor claridad y puedas atraer un trabajo que cumpla con los requisitos que te hacen feliz.

Observo qué no quiero	Reconozco lo que quiero
Horario restringido	Horario flexible
Jefe malhumorado	Jefe considerado
Sueldo bajo	Cheque gordo
Estancamiento	Oportunidad de crecimiento
Aburrimiento	Ser creativa y usar mis talentos

Digamos que al igual que mi amiga Beatriz, siempre atraes hombres que no te convienen, entonces es hora de **"observar lo que no quieres"**.

Observo lo que no quiero de una pareja	Reconozco qué quiero de una pareja
Celoso	Que confíe en mí y en sí mismo
Aburrido	Que le gusta divertirse
Impaciente	Paciente
Mujeriego	Honesto y fiel
Tímido	Que sea extrovertido
Haragán	Trabajador
Vicioso	Con buenos hábitos
Indiferente	Cariñoso
Tacaño	Espléndido y generoso
Inculto	Educado
Rudo	Amable
Mal amante	Buen amante
Escaso de dinero	Abundante

Ejercicio A

A continuación te recomiendo que hagas el siguiente ejercicio que te ayudará a ver con transparencia lo que realmente quieres en tu vida.

En la columna del lado izquierdo **"observa lo que no quieres"** en el área amorosa, financiera, laboral, salud, amistades y relaciones familiares. En el lado derecho registra lo que prefieres y más deseas.

Por ejemplo, en el lado izquierdo puedes escribir: "No quiero más peleas con mi pareja" y en el derecho, "Quiero armonía con mi pareja".

Observo lo que no quiero en mi vida   **Reconozco lo que quiero en mi vida**

1. _____   1. _____

2. _____   2. _____

3. _____   3. _____

4. _____   4. _____

5. _____   5. _____

6. _____   6. _____

7. _____   7. _____

Ahora que tienes claridad en lo que quieres estás lista para aplicar los tres pasos de la siguiente sección que pondrán a trabajar la Ley de la Atracción para tu conveniencia.

Paso I: Pide...
¡tus desos son órdenes!

La naturaleza está dispuesta a proveernos de todo lo que necesitamos para vivir. El árbol requiere de un suelo fértil, agua y sol para existir y un caballo necesita pasto, oxígeno y un prado donde correr. Ambos obtienen lo necesario en abundancia y sin esfuerzo.

¡Imagínate todo lo que existe para ti que eres el ser más importante de la creación! y estás dotado de las herramientas para conseguir lo que te propongas. Tienes la capacidad para soñar y crear lo que deseas por medio de tus pensamientos.

Todas las tradiciones, filosofías o religiones, están de acuerdo con que hay un ser superior a nosotros que nos rige; algunos le llaman Dios, Jehová, Alá, Energía Suprema, Inteligencia Infinita, Fuente de Sabiduría, Universo, etc. Cuando diriges tus peticiones a este ser supremo en quien confías, sin duda te responderá. Hasta en la Biblia hay un pasaje que dice: "Pide, y se te concederá". ¡Entonces **pide** con fe!

Por miles de años, han existido cuentos, leyendas y anécdotas que nos enseñan este concepto. ¿Recuerdas la historia de Aladino y su lámpara mágica de donde salía un genio que garantizaba el cumplimiento de los deseos del amo?

En este caso el amo eres tú y el genio es ese ser superior en el que crees. Este recibe las peticiones que hagas y comienza a arreglar en tu favor a personas, situaciones y objetos que te ayudarán a manifestar tus deseos.

Todo lo que quieras es posible. Sólo tienes que pedirlo y ser específico en lo que ordenas. Recuerda que atraerás a tu realidad todo aquello en lo que tus emociones y pensamientos se concentren.

Ejercicio B

Basado en el ejercicio anterior (A), en donde reconociste lo que realmente aspiras, ahora estás en la posición de pedirlo.

A continuación escribe tres razones por las cuales quieres obtener lo que deseas y tres razones por las que crees posible conseguirlo. Reitero que no hay un límite en el número de peticiones que puedes hacer. Te recomiendo empezar con tres para que puedas enfocarte en las de mayor importancia.

Deseo 1 _____

Quiero obtenerlo porque…

1. _____
2. _____
3. _____

Creo posible conseguirlo porque…

1. _____
2. _____
3. _____

Deseo 2 _____

Quiero obtenerlo porque…

1. _____
2. _____
3. _____

Creo posible conseguirlo porque…

1. _____
2. _____
3. _____

Deseo 3 _____

Quiero obtenerlo porque…

1. _____
2. _____
3. _____

Creo posible conseguirlo porque…

1. _____
2. _____
3. _____

> *La fe es la evidencia de las cosas que aún no se ven*
> *-Apóstol Juan*

Paso 2: Cree… ¡ten la certeza!

Cuando pidas, sólo tienes que hacerlo una sola vez. Si todos los días estás ruega, ruega y ruega para que se cumplan tus deseos, significa que tienes duda de que se manifestarán. Por eso, si lo pides con fe ciega, sólo tendrás que hacerlo una sola ocasión.

En otras palabras, después de haber hecho tu petición, la próxima vez que te dirijas a ese ser divino, lo que debes hacer es dar las gracias porque tu pedido ya está en camino. Di en voz alta: **"¡Gracias porque estoy en proceso de recibir eso que tanto deseo!"**

Debes proceder con la misma certeza que tiene alguien que posee un boleto ganador de la lotería. Dicho de otra manera, aunque todavía no hayas cobrado el premio, sabes que te pertenece y no dudas en recibir el dinero. Esta es la misma convicción que debes tener con relación a lo que pediste, así activarás la Ley de la Atracción inmediatamente.

Creer es el paso más importante, pero para muchos el más difícil, porque hay quienes dicen como mi madrina: **"Yo soy como Santo Tomás... ¡necesito ver para creer!"** Éstos son los que quieren una prueba de que su anhelo se va a cumplir para entonces creer.

En este caso funciona de la forma opuesta: **¡Primero debes creer... para poder ver!**

Una de las principales razones por las que dudas que obtendrás lo que quieres es porque nunca antes has experimentado en carne propia lo que deseas.

Tomemos el ejemplo de una joven que quiere fervientemente ser una cantante famosa, pero tiene muchas dudas de poder lograrlo. Sus inseguridades se basan en el hecho de que ella nunca se ha subido en una tarima, frente a tantas personas a que la oigan cantar. Ella está consciente de que tiene el talento y la voz para triunfar pero jamás ha estado en la posición de Madonna o Shakira, así que no tiene pruebas de que pueda hacerlo.

Sin embargo, si esta talentosa artista deseara conseguir novio, seguramente no dudaría en poder lograrlo, ya que en el pasado ha tenido excelentes pretendientes y por lo tanto posee pruebas de su capacidad para atraer el amor fácilmente, pero hasta el momento no tiene evidencia de que pueda llegar a ser famosa.

Esta muchacha debería entender que ella no necesita pruebas de que puede alcanzar la fama, sólo necesita convencerse de que puede lograrlo. Lo único que puede atrasar el proceso de obtener lo que aspira son sus dudas e inseguridades.

Recuerdo una vez que presenté una conferencia de motivación y al finalizar hubo una sesión de preguntas y respuestas de parte del público. Una joven levantó la mano y me dijo:

—Soy cajera de un banco pero hace un tiempo tomé unas clases y me certifiqué como masajista. Desde entonces mi pasatiempo favorito es hacer masajes a mis amistades y familiares. Quisiera dejar mi trabajo y dedicarme a esto profesionalmente, pero tengo miedo de no poder lograrlo —confesó abatida—. ¿Qué me aconseja? —preguntó.

—Ya eres masajista profesional, ¡la única que falta por convencerse eres tú! —aseguré señalándola y pregunté—: ¿Qué te hace pensar que no lo puedes lograr?

—Oigo una vocecita en mi cabeza que constantemente me habla y me hace dudar —respondió mientras se agarraba la cabeza.

—¿Qué te dice esa vocecita? —pregunté con curiosidad.

—Me repite cosas como: "No tienes suficiente experiencia". "Te vas a morir de hambre". "No vas a conseguir clientes" —explicó mientras imitaba una voz chistosa.

—Te voy a preguntar algo y espero una respuesta inteligente- dije en tono exigente—. ¿Qué señal, prueba o evidencia tienes de que no puedes hacerlo?

—Creo que ninguna —respondió titubeando tras quedarse pensativa por unos segundos- ¡Todo el mundo queda feliz con mis masajes! —afirmó orgullosa.

—Entonces tienes todas las pruebas de que sí puedes lograrlo, lo has visto con tus propios ojos —dije—. Esa vocecita negativa la creaste tú y de la misma forma que inventas pensamientos negativos que te hacen dudar, ¡puedes crear pensamientos positivos que te hagan confiar en ti! —concluí motivándola.

Esta chica no se daba cuenta que lo único que la detenía para alcanzar su deseo de ser masajista profesional no era la falta de clientes o experiencia, sino su falta de certeza en que podía hacerlo.

Al igual que esta joven, quizás escuchas una voz interna, ¡o a veces externa! —puede ser tu prima o la vecina— que te llena la cabeza de inseguridades deteniendo el paso para alcanzar tu meta y no puedes ver el camino porque está nublado con pensamientos que no te convienen.

A continuación revisaremos tres estrategias que te ayudarán a aumentar tu creencia.

A. Haz afirmaciones con vibración positiva.
B. Vive la escena.
C. Encuentra pistas clave.

A. Haz afirmaciones con vibración positiva

Las afirmaciones son frases positivas que te inspiran y motivan a lograr en tu vida cosas que deseas, pero quizá todavía no se han manifestado. Mientras más repitas una afirmación, más llegarás a **creer** que es verdad. Por ejemplo, si estas padeciendo una enfermedad y utilizas la afirmación "yo tengo muy buena salud", tu subconsciente no sabrá la diferencia entre lo real o lo imaginario, y la orden que le envías a tu cuerpo es alentarlo a que esté sano.

Así que entre más repitas la frase "yo tengo muy buena salud", sin darte cuenta, aumentas tu convencimiento respecto a ello y esto te va a ayudar para que se haga realidad.

Pero... ¡**mucha atención!** Ten cuidado con las palabras que usas en cada afirmación ya que afectan tus emociones. Recuerda que la Ley de la Atracción responde de acuerdo a las vibraciones que creas con tus emociones. **Es imprescindible que utilices afirmaciones que te hagan sentir emociones positivas cuando expreses tus palabras.**

Como puedes ver, la afirmación "yo tengo buena salud" está enunciada en el tiempo presente. Pero, si en ese momento sufres de una enfermedad, puede que estas palabras te hagan sentir que estás mintiéndote y provoquen un sentimiento negativo en ti.

Por eso te sugiero que hagas tus afirmaciones como si estuvieras **"en el proceso de obtener lo que quieres"**. Si estás enferma di: "Estoy en el proceso de mejorarme". Esto sonará más real para ti y estarás más convencida de que puedes lograrlo.

Por ejemplo, si estás gordita y utilizas la afirmación: "soy delgada", pero la báscula te marca 300 libras, es decir, más de 130 kilos, seguramente no lo creerás y quizá dirás en voz baja: "¿A quién engaño?, ¡estoy más gorda que un lechón!" En ese momento estarás enviando una vibración negativa al Universo que te impide atraer lo que quieres, que es adelgazar.

Mejor utiliza la afirmación: **"Estoy en el proceso de adelgazar"**, así mismo haz con todo aquello que quieras conseguir. Repite: **"Estoy en el proceso** de ganarme 100 mil dólares al año", **"estoy en el proceso** de atraer mi pareja ideal", **"estoy en el proceso** de adquirir un mejor empleo", **"estoy en el proceso** de encontrar la casa de mis sueños".

Estas declaraciones son más fáciles de creer porque son reales. El solo hecho de **pedir** te ubica **"en el proceso"** de atraer lo que quieres.

B. Vive la escena

La visualización es otra herramienta muy eficaz para materializar tu petición. Para aumentar tu creencia, visualízate diariamente como si ya tuvieras lo que pediste.

Cierra los ojos, piensa en lo que anhelas y recrea en tu mente la escena... Por ejemplo, si el deseo principal de tu lista es abrir tu propio restaurante, debes usar todos los sentidos y tu imaginación para poder crear una imagen viva del lugar.

Imagínate frente a la puerta de entrada del establecimiento y mira las luces de neón que iluminan el letrero. Visualízate entrando al restaurante. Mientras caminas entre las mesas, empieza a oler la deliciosa comida que allí se sirve. Observa a tu alrededor; el lugar está lleno, mira los cuadros en las paredes y aprecia el color de los manteles rojos. Fíjate cómo el murmullo de la gente te deja palpar la satisfacción de tus clientes. ¡Ellos están tan felices como tú!

Cuando visualizas estás creando una película en tu mente de cómo y dónde realmente quieres verte. Esto a la vez te genera sentimientos y pensamientos de convicción. Esto te ayuda a creer que ya lo has recibido. Mientras estás visualizando, estás emitiendo una poderosa frecuencia al Universo. En ese momento la Ley de la Atracción percibe tu señal y se encarga de regresarte esas imágenes tal como las proyectaste en tu mente.

Es importante que cuando hagas la visualización incluyas tus emociones. Está comprobado que cuando mezclas tus pensamientos con emociones como fe, deseo, entusiasmo, esperanza y amor, aceleras el proceso de creación y tus deseos se materializan más rápido.

Este ejercicio lo puedes hacer antes de ir a dormir y apenas te despiertes. Aunque también puedes aprovechar cualquier momento durante el día; mientras tomas un café, te estas asoleando en la playa o cuando sales a dar una caminata por tu vecindario. ¡Mientras más lo practiques más te convences!

C. Encuentra pistas clave

Ya pediste tu deseo, hiciste tus afirmaciones, visualizaste la escena y permitiste que buenas emociones te abrigaran. Tienes fe..., pero te pueden asaltar dudas. Esta tercera estrategia te permite alimentar la **certeza** de que tu deseo se materializará.

¡Te aseguro que cuando las dudas desaparecen es el momento en que tus sueños se convierten en realidad!

La velocidad con que se cumplan tus sueños dependerá del convencimiento que tengas en que eso que pides es posible. La Ley de la Atracción responde en proporción directa a tu grado de certeza.

> Cuando las dudas desaparecen es el momento en que tus sueños se convierten en realidad.

Lo que te ayuda a mantener la convicción es darte cuenta de las pistas que se aparecen en tu camino y te revelan que el Universo está guiándote hacia tu meta. Por ejemplo, si tu deseo es tener abundancia monetaria y esta tarde, antes de subirte al auto, encuentras dinero en el piso —aunque sea una moneda— es evidencia de que estás atrayendo lo que has pedido. Esto es una prueba de que la Ley de la Atracción está trabajando para ti.

Cuando estas pistas aparezcan, en vez de decir "¡Qué casualidad!", sé consciente de que son evidencias de la cristalización de tu sueño.

En mi vida estas pistas han aparecido, y muchas veces no he tomado conciencia de ello en el momento, pero después me doy cuenta de la conexión que todo evento tiene.

En el primer capítulo de este libro te conté de algunas pistas que fueron apareciendo en mi vida después de una visualización que hice con mucha pasión sobre mi sueño de hablar en público y usar mis talentos. ¿Lo recuerdas? Era cuando regresaba a Estados Unidos de visitar a mi familia en Puerto Rico y mientras leía la revista del avión me encontré un anuncio de una importante empresa que impartía seminarios de negociación por todo el mundo. Pensé: "¡Qué feliz sería si un día pudiera trabajar para esta compañía!" Cerré los ojos y me visualicé con un traje color crema, dictando un curso ante una audiencia de ejecutivos y hasta imaginé la reacción de los asistentes.

Arranqué la página y al llegar a la casa la guardé. Aunque lo hice inconscientemente, ¡ya estaba juntando mis pistas!

Meses más tarde, leyendo el periódico, encontré un anuncio de una empresa que buscaba seminaristas. Al leer detalladamente me di cuenta que era la misma compañía del anuncio que había guardado. Dije: "¡Qué casualidad!", después me di cuenta que no era tal, evidentemente La Ley de la Atracción estaba trabajando en mi favor.

Te vas a dar cuenta que entre más pistas recopiles, más seguirán apareciendo y esto, a la vez, aumentará tu grado de creencia.

Ejercicio C

De ahora en adelante, cuando experimentes cualquier tipo de "casualidad", bien sea que sorpresivamente te encuentras con alguien, te llega algo inesperado o sucede algo de improviso, reflexiona por un momento y permite que tu intuición te diga cuál es el significado de ese suceso.

Hazte las siguientes preguntas:

1. ¿En qué estaba pensando antes de que sucediera esta "casualidad"?
2. ¿Esta "coincidencia" se relaciona de alguna forma con lo que deseo y aspiro?
3. ¿Qué trata de sugerirme esta situación?

4. ¿Esta "casualidad" me provoca entusiasmo?

Apunta cada una de tus pistas o "casualidades" en un diario. Compra una linda libreta, la llamaremos **"Cuaderno de Gratitud"**. Más adelante explicaré otros usos muy importantes que también le darás.

Paso 3: Agradecer

En el primer paso pediste lo que quieres, en el segundo aumentaste tu creencia, y la clave para recibir abundancia en tu vida es este último: ¡dar las gracias!

"Dar gracias" es una poderosa herramienta para atraer riquezas a tu vida, pero no necesariamente la fortuna que depositas en un banco, sino tesoros intangibles que no tienen precio.

Te pregunto: ¿Cuándo fue la última vez que diste las gracias?

Quizá responderás: "Cuando mi esposo me obsequió la computadora que tanto quería", "cuando mis amigos me organizaron una fiesta sorpresa de cumpleaños", "cuando mi jefe me dio un bono que no esperaba" o "cuando mi hermano me regaló un dinerito que tanto necesitaba" "¡se los agradecí muchííííísimo!"

Es fácil sentirse agradecido cuando deseas algo y llega, o lo que necesitas aparece. Bien sea el bono, la computadora, una fiesta sorpresa o dinero, como mencioné anteriormente. Lo difícil es sentirse agradecido cuando todavía no se ha materializado lo que has pedido.

Cuando alguien te hace un favor o te entrega algo que te produce sentimientos de entusiasmo, satisfacción, alegría o ternura, produces una vibración positiva que permite a la Ley de la Atracción trabajar en armonía con tus deseos. ¡Es imprescindible que te sientas bien para que puedas obtener lo que deseas! La gratitud es un estado del ser donde estamos en armonía con todo lo que tenemos, bien sea situaciones afortunadas u obstáculos. Cuando estás agradecido entras en la frecuencia indicada para recibir lo que pediste. Es imposible atraer lo que quieres si estás experimentando sentimientos de carencia, frustración o miedo.

El agradecimiento es la clave para sentir emociones de bienestar todo el tiempo. Mientras más agradecido estés por lo que ya tienes, más riquezas te llegarán.

Agradece por la recopilación de acontecimientos, personas y objetos que hay en tu vida. Todo ha contribuido a tu avance y desarrollo.

Cuando te suceda algo supuestamente "malo", también agradece con la certeza de que todo pasa a favor de tu creación.

Así me sucedió una vez que tenía que presentar un taller para una empresa muy importante en Ecuador. Partí de Los Ángeles, California, y tenía que parar en la Florida para tomar el vuelo de conexión a Guayaquil, donde me esperaban más de 200 ejecutivos.

Al llegar al aeropuerto de Miami me encontré con la sorpresa de que mi vuelo a Ecuador había sido cancelado hasta el próximo día.

Esto provocaba que no pudiera llegar a tiempo al seminario. Aunque el retraso no era por culpa mía, me sentía responsable. Empecé a imaginar todo lo malo que podía pasar: perdería dinero, mi prestigio como oradora se iría a pique ¡y jamás otra empresa volvería a contratarme! Me inundaron sentimientos de frustración, ansiedad y desconsuelo, ¡me sentía impotente! Corrí al mostrador de servicio al cliente de la aerolínea para hablar con alguien que pudiera ayudarme.

—¡Señor, tengo que llegar a Guayaquil hoy! —dije con lágrimas en los ojos.

—El único vuelo directo sale mañana —respondió con lástima.

—Por favor, búsqueme otra alternativa, ¡aunque tenga que parar en el triángulo de las Bermudas! —rogué desesperada.

Este amable caballero me ayudó a conseguir otra ruta. Tomé un vuelo que llegó a la ciudad de Lima casi a la medianoche. Tuve que quedarme en el aeropuerto hasta la mañana siguiente para viajar a Quito muy temprano.

Una vez que arribé, tuve que tomar otro avión para llegar aprisa a Guayaquil donde presenté una charla, agotada, trasnochada y con tremendas ojeras. ¡No tuve tiempo ni de darme un baño! Sin embargo, estoy inmensamente agradecida que esta odisea me hubiera ocurrido.

En mi tercer y último vuelo de conexión a Guayaquil conocí a una talentosa publicista mexicana, Silvia, a quien admiro y que hoy día es una gran amiga. Gracias a ella se me abrieron puertas en la radio y prensa de México, un público al que siempre había querido transmitir mi mensaje de motivación.

Además, por medio de Silvia tuve la oportunidad de presentar más adelante una conferencia para diez mil participantes en el Día Internacional de la Mujer en el majestuoso Auditorio Nacional de la Ciudad de México.

Era la primera vez que se celebraba en este país un evento de esta magnitud exclusivamente para damas. Silvia fue la organizadora y me invitó a participar. Ésta fue una de las conferencias que más he disfrutado en mi carrera como oradora. La audiencia mexicana me trató con un cariño y una calidez que nunca olvidaré.

Todas estas oportunidades inesperadas me llegaron gracias al retraso de mi vuelo. No obstante, en aquel momento cuando estaba pasando por todos esos percances se me hubiera hecho muy difícil sentirme agradecida. Ahora que miro hacia atrás, me doy cuenta que pude haber dado las gracias por esos "inconvenientes".

Después de esta experiencia, he perdido otros vuelos por razones involuntarias, pero en vez de frustrarme o desesperarme, confío en que todo se está orquestando a mi favor y digo: "Gracias Diosito por esta situación, estoy segura que está sucediendo por una razón. Ahora mismo no puedo ver el regalo que me estás enviando, pero tengo fe en que Tú y el Universo están conspirados para hacerme entrega de lo que más me conviene".

En los momentos de adversidad se hace muy difícil sentirnos agradecidos, y dejamos que pensamientos negativos invadan nuestra mente. Ahí es cuando entramos en una frecuencia negativa que nos hace perder la fe.

Es fácil agradecer si todo está funcionando muy bien en nuestra vida. Pero cuando las cosas no se presentan de la forma que quisiéramos, nos olvidamos de las cosas favorables que nos rodean y enfocamos nuestra energía y pensamientos en lo que esté fallando.

Inconscientemente nos volvemos "malagradecidos". Así le sucedió a una mujer que conocí en un show de televisión al que fui invitada a participar. La audiencia hizo preguntas y una joven del público levantó la mano para pedir un consejo:

— Tengo 42 años. A esta edad acabo de perder mi trabajo, mi marido es un irresponsable, mi hija no me obedece y encima de todo esto ¡míreme lo gorda que estoy! —se quejó en tono dramático. Y finalmente preguntó: "¿Qué me aconseja para salir de este caos?"

Creo que esperaba que sintiera lástima por todas sus limitaciones, pero la sorprendí con esta pregunta:

—¿Reconoces lo acaudalada que eres?

—**¿¡Acaudalada yo!?** —preguntó sorprendida.

—**¡Si tú!** —dije señalándola—: Esta noche dormirás en una cama cómoda, hoy te llenaste la panza por lo menos dos veces, tienes dos piernas, ojos, escuchas bien y te ves muy saludable...

además ¡mira la hija tan hermosa que tienes a tu lado! —Aseguré con frenesí, y en un volumen casi intimidante le hice otra pregunta.

—¿Sabes cuántas personas en este mundo desearían tener lo que tú posees? —sin dejarla responder agregué—: Si no te has dado cuenta de todas las bendiciones que hay en tu vida... entonces, con mucho respeto, te digo... ¡Eres una malagradecida!

Abrió los ojos tan grandes como dos huevos fritos en un sartén pues no se esperaba mi reacción. Bajó su mirada, reflexionó por dos segundos, y sutilmente me dijo: "Sé que me quejo demasiado... y no me fijo en las cosas buenas que poseo".

—La próxima vez que alguien te pregunte si reconoces lo acaudalada que eres, quiero que con la cabeza en alto y el pecho inflado respondas: ¡**Sí**, lo reconozco y estoy agradecida!, —concluí.

Muchas personas, al igual que esta dama, se quejan y no valoran los auténticos tesoros que tienen porque prestan más atención a sus restricciones que a sus bendiciones.

Si no eres agradecida pasarás por alto aquello simple pero trascendente que sólo cuando lo pierdes, lo aprecias. Por ejemplo, pregúntale a un ciego cuánto agradecería ver el simple vuelo de una mariposa, a un sordo cuánto desearía escuchar el sonido de la lluvia, o a quien no puede caminar, cuánto disfrutaría dar una caminata en la playa.

Cuando todo marcha a la perfección olvidamos estar agradecidos. Damos por hecho, garantizado o normal, las bendiciones que ya poseemos, como es despertarnos cada mañana, disfrutar de un plato de comida, contar con el amor de nuestros padres o estar saludables.

Las personas que no están agradecidas por lo que tienen, no son capaces de mantener la fe y son invadidos fácilmente por sentimientos de miedo.

Así como un artista necesita creatividad para completar su obra, tú requieres de la fe para alcanzar tus sueños. La forma más poderosa de cultivar tu fe es sentirte agradecido. ¡La fe nace de la gratitud!

Mientras más agradezcas, más aumenta tu fe. Mientras más incrementas tu fe, más crece tu certeza. Y mientras más certeza tengas, más rápido se cumplen tus deseos. Es una reacción en cadena que comienza con el agradecimiento.

Hasta que no estés agradecido por lo que posees, no podrás recibir nuevas bendiciones. El Universo no puede proveerte de más si no aprecias la abundancia que ya tienes. Si quieres una casa nueva, pero estás enfadada y fastidiada con el lugar donde vives, enviarás una vibración negativa que no te permite atraer lo que deseas. Por el contrario, si agradeces la vivienda que ya tienes, entrarás en la frecuencia perfecta para atraer la casa que has soñado.

¡Empieza ya a dar gracias! En vez estar malhumorada en la mañana porque tienes que ir a trabajar, agradece que te puedes levantar. En vez de odiar tu nariz puntiaguda agradece que puedas respirar. En vez de quejarte porque tienes que limpiar tu casa, agradece que tengas un techo donde vivir.

Cuando empieces a dar gracias, te sorprenderás de la cantidad de pensamientos que comenzarán a llegar a tu mente para recordarte más cosas que agradecer.

Frecuencia de gratitud

Cuando la Ley de la Atracción percibe estos pensamientos de gratitud, responde justamente con más de ellos, en ese momento entras en la **frecuencia de gratitud**, y es entonces cuando todas las riquezas y bendiciones que desees serán tuyas.

La forma más fácil para entrar en esta *frecuencia* es utilizar diariamente tu **"Cuaderno de Gratitud"** donde también registrarás todas tus pistas.

Todas las noches, antes de acostarte, escribe cinco cosas por las cuales ese día quedaste agradecida. Quizás puedes dar gracias por la salud de tus hijos, las palabras de consuelo que hoy te dijo tu mejor amiga, tu adorable perrito, la cama cómoda en la que dormirás y un bonito atardecer.

Yo tengo uno de estos cuadernos desde hace años, decidí incluirlo en mi diario vivir desde que leí el libro de Sarah Ban Breathnach *Simple Abundand*. Hay días que estoy muy inspirada y escribo dando gracias por las cosas sencillas pero que a la vez son muy placenteras. Por ejemplo: **agradezco porque hoy escuché mi canción favorita en la radio, las flores de mi jardín están hermosas, en la mañana me tomé una sabrosa tacita de café, recibí un abrazo de mi padre al despedirnos y por los aplausos luego de mi conferencia.** Pero cuando estoy cansada y no sé que anotar, doy gracias por lo básico, que es mi salud, mi casa, mi cena, mi trabajo y poder vivir un día más.

Si pones en práctica este cuaderno y todos los días apuntas tus bendiciones, en tan sólo un mes este librito habrá cambiado tu vida en forma sorprendente.

Es esencial que entres en la **frecuencia de gratitud**, y esta libreta es una herramienta muy eficaz para lograrlo.

Desde ahora, cuando estés pasando por un momento difícil y te invadan pensamientos y sentimientos negativos, abre tu cuaderno y lee lo que has escrito. Verás cómo automáticamente cambiará tu vibración y podrás recuperar la fe y la confianza en ti.

Te exhorto a que empieces en este momento. Redacta cinco cosas por las que estás agradecida. Si no sabes por dónde empezar, sugiero que escribas en la línea 1. "Gracias por este libro que llegó a mis manos".

1)_____

2)_____

3)_____

4)_____

5)_____

Hace mucho tiempo yo escribí en mi Cuaderno de Gratitud: "Doy gracias por todas las personas que leerán mi libro" ¡y tú eres una de ellas!

En mis años de motivadora he llevado un amplio mensaje de superación personal a mi público por medio de mis conferencias, mis programa de radio, mis columnas, mis libros y otros medios. Si tuviera que sintetizar todo mi material en una oración y dejarte con un solo consejo, te diría: **¡Agradece diariamente hasta convertirlo en un hábito!**

Quiero compartir contigo la oración que hago todas las mañanas y me sintoniza en la **frecuencia de gratitud**. Te la regalo para que la incluyas en tu día. ¡Estoy segura que hará para ti tantos milagros como ha hecho para mí!

Gracias porque soy bendecida con la sabiduría suprema de Dios y
porque tengo una dirección clara en mi vida.

Gracias porque estoy bendecida con creatividad, talentos, valentía,
y abundancia.

Gracias porque soy bendecida con un fuerte deseo de superación,
autocontrol y autodisciplina.

Gracias porque soy bendecida con fe y estoy llena de
gracia y amor.

Gracias porque soy bendecida con éxito, fuerza sobrenatural y
protección divina.

Gracias porque soy bendecida con un corazón obediente y una
actitud positiva hacia la vida.

Gracias porque estoy bendecida tanto en la ciudad como en el
campo, cuando llego y cuando salgo.

Gracias porque cualquier maldición que se haya dicho sobre mí o
cualquier palabra en mi contra se rompe en este momento.

Gracias porque todo lo que pongo en mis manos prospera y será
exitoso.

Gracias por todas mis bendiciones.

En el nombre de Jesús, Amén

¡Abundacia ilimitada!

Antes de concluir este capítulo quiero aclarar una interrogante. Hay quienes se preguntarán: ¿Qué sucede si todo el mundo aplica la Ley de la Atracción para hacerse rico? ¿De dónde saldrá tanta fortuna?

La respuesta es sencilla. La abundancia material y espiritual en el Universo es ilimitada. Todo proviene del Creador, y **Él** es infinito. La naturaleza es un almacén de riquezas que se multiplica. ¡Sobra para todo el mundo!

Quien permanece en la pobreza es porque su comportamiento y sus pensamientos no están en armonía con las leyes naturales del Universo.

No existe nadie pobre debido a la falta de recursos naturales, el problema es que los recursos están mal distribuidos. Hay suficiente abundancia y oportunidades para cada persona en este planeta. Con tan sólo utilizar material de construcción proveniente de los Estados Unidos se podría construir una amplia casa de dos niveles con piscina para cada familia que vive en la tierra.

Cada uno de nosotros tiene acceso a un caudal de recursos que no se acaban. Hay abundancia de dinero, amor y salud disponibles para quienes tengan hambre de obtenerlo. Sólo tienes que desearlo ardientemente y el Universo se encargará de hacerte entrega de todo lo que pidas.

Abre tu mente y tu corazón, encuentra un momento cada día en el que puedas decir en voz alta ¡estoy agradecida por todo lo que veo, oigo, palpo, respiro y saboreo...! ¡Qué afortunada soy!

> *Agradece en vez de reprochar,*
> *alaba en vez de criticar,*
> *sueña en vez de lamentarte,*
> *actúa en vez de detenerte .*
>
> *-Anónimo*

Resumen

✓ La Ley de la Atracción es la más poderosa de todas las leyes naturales en el Universo y dice que atraerás hacia a ti todo aquello en lo que te enfoques y prestes atención.

✓ Tus pensamientos son como un imán, y cada uno de ellos envía una vibración que atrae hacia ti todo lo que esté vibrando similarmente.

✓ Esta ley es muy obediente: donde enfoques tus pensamientos y energía, eso atraerás a ti sin cesar, sea bueno o malo.

✓ Las vibraciones que emiten tus pensamientos poseen la facultad de viajar distancias infinitas y entran en sintonía con otras ondas similares.

✓ Tú atraes a tu vida situaciones, personas y circunstancias que están en la misma frecuencia de los pensamientos que están dominando tu mente.

✓ Las personas negativas atraen negatividad y quienes son positivos atraen prosperidad.

✓ Eres la causante de todos los resultados en tu vida. Todas las experiencias que vives te llegan porque la Ley de la Atracción está respondiendo a los pensamientos que estás ofreciendo al Universo.

✓ Tus pensamientos crean tus emociones y tus emociones crean tus vibraciones.

✓ Es imposible atraer lo que quieres si estás experimentando sentimientos negativos.

✓ Para que tu mente sólo guarde pensamientos positivos, presta mucha atención a tus emociones, porque reflejan lo que estás pensando.

✓ En vez de enfocarte en lo que **no** quieres en tu vida, declara lo que sí anhelas. Debes preguntarte: **¿Qué quiero?** Sé específico en lo que pides.

✓ Existen tres pasos esenciales para que puedas atraer a tu vida todo lo que desees: Pedir, Creer y Agradecer.

- ✓ Utiliza afirmaciones que te hagan sentir emociones positivas cuando expreses tus palabras.
- ✓ Lo único que puede atrasar el proceso de obtener lo que aspiras son tus dudas, e inseguridades.
- ✓ Visualízate diariamente como si ya tuvieras eso que tanto deseas.
- ✓ No existen las coincidencias. Cuando aparezcan "casualidades" en tu vida, tómalas como pistas que te indicarán el camino hacia la materialización de tus sueños.
- ✓ Estar agradecido es la clave para generar sentimientos positivos que te pongan en la frecuencia necesaria para recibir abundancia. Hasta que no estés agradecido por lo que posees, no podrás recibir nuevas bendiciones.
- ✓ Cuando enfrentes un obstáculo también agradece porque Dios y el Universo están confabulándose para entregarte lo que más te conviene.
- ✓ En este planeta hay abundancia ilimitada de riquezas. Todo lo que desees esta disponible para ti... ¡Sólo pide con fe!

Tu vida depende de tus pensamientos

-María Marín

∞